T 163
Te 1225

NOTICE SUR LES EAUX THERMALES D'OLETTE.

NOTICE

SUR

LES EAUX THERMALES ALCALINES,

SULFUREUSES ET NON SULFUREUSES,

D'OLETTE

(PYRÉNÉES-ORIENTALES),

Par M. BOUIS,

PROFESSEUR DE CHIMIE.

PERPIGNAN,
IMPRIMERIE DE JEAN-BAPTISTE ALZINE,
Rue des Trois-Journées, 1.

1852.

EAUX THERMALES

ALCALINES,

SULFUREUSES ET NON SULFUREUSES,

D'OLETTE

(PYRÉNÉES-ORIENTALES.)

Préliminaires.

Diverses publications sur les eaux minérales du département des Pyrénées-Orientales, s'occupant de la généralité de ces eaux, ou spéciales sur quelques unes, donnaient lieu de croire qu'un département aussi peu étendu et ainsi étudié pour un seul de ses produits naturels, laissait peu ou point à dire sur ces mêmes produits considérés dans leur nombre et leur position. Il n'en est point ainsi, cependant, depuis la construction de la belle route nationale, allant de Perpignan à Mont-Louis, l'Ariége, l'Espagne, etc., qui traverse des terrains précédemment inaccessibles, sur lesquels se trouvent de nombreuses sources peu explorées ou complètement inconnues, dont le signalement est devenu nécessaire pour compléter la monographie de nos eaux thermales.

Carrère, professeur à l'Université de Perpignan, publia, en 1756, un traité des eaux minérales du Roussillon, dont le sixième chapitre, page 48, est consacré aux eaux

d'Olette et de Nyer. Voici ce qui se rapporte à la seule source d'Olette dont il ait fait mention : « Elle est ther-
« male, rougit d'abord et noircit vite l'argent en masse :
« le sel de saturne lui fait prendre la couleur gris brun
« cendré ; son goût est celui de l'œuf couvé ; conséquem-
« ment, elle est sulfureuse. On la trouve après la des-
« cente appelée les Graus d'Olette, en allant à Mont-Louis,
« après avoir traversé la rivière de la Tet. Elle dépose
« une matière gélatineuse fort épaisse et un sédiment
« martial de la couleur d'ocre. Elle fait monter l'esprit
« de vin au degré soixante dixième et demi du thermo-
« mètre Réaumur. Sa chaleur est assez forte pour rendre
« bon à être mangé en guise de soupe, le pain qu'on y
« trempe ; elle n'a pu suffire à cuire une pièce de bœuf
« en cinq heures. Une erreur populaire fait attribuer au
« mercure, par les habitants des environs, les effets qu'ils
« disent lui avoir vu produire ; car malgré sa forte cha-
« leur, ils ne balancent pas quelquefois à la prendre in-
« térieurement et à y baigner différentes parties du corps,
« après l'avoir laissée refroidir. »

La matière gélatineuse avec le dépôt martial ocreux, appartiennent à ces formations glairineuses plus ou moins organisées, inhérentes aux eaux sulfureuses.

Le traité des eaux minérales des Pyrénées-Orientales, par Anglada, publié en 1833, s'occupe, au chapitre IV, des eaux sulfureuses de Thuès, dont voici l'exposé :

« Il n'y a point d'établissement thermal à Thuès, quoi-
« que la nature y ait fait surgir des sources sulfureuses
« avec une prodigalité remarquable. Leur nombre, leur
« volume, l'élévation de leur température, tout les rend
« dignes d'une mention particulière ; leur ensemble forme,
« sans contredit, le plus beau monument d'eaux ther-
« males que l'on découvre dans nos Pyrénées, où l'on
« sait que ce genre de ressources est si répandu.

« Si jamais le crédit de ces eaux, amenait, dans le dé-
« partement, une telle affluence de malades que les ther-

« mes actuels ne pussent plus y suffire, c'est à Thuès qu'il
« conviendrait de fonder un établissement de ce genre.
« Certes, on n'aurait pas à craindre d'y manquer d'eau
« sulfureuse; et la position respective des sources, y per-
« mettrait de les mettre en œuvre sous toutes les formes
« et avec des avantages qui se représenteraient difficile-
« ment, je crois, dans d'autres localités. Là, se trouve-
« raient réunies des eaux de Baréges, des eaux de Plom-
« bières et même des eaux de Bagnères-Adour. »

Dans ce chapitre, il est question d'une source sulfureuse, dite du bain de Thuès; d'une source sulfureuse
du bord de la rivière ; d'une source sulfureuse thermale
de la Cascade, et de la simple indication de quelques autres sources voisines de celle-ci; enfin, tome II, page 183,
un chapitre est consacré à l'eau thermale simple de
Thuès. De ces diverses sources, la première, celle du
bain de Thuès, est la seule sur le territoire de cette commune; les autres sources se trouvent à l'extrême limite
du territoire d'En, annexe de la commune de Nyer. Anglada, tome I, page 161, les désigne encore sous le nom
de *Sources de Thuès ou de Canaveilles, que leur volume
et leur température élevée rendent si remarquables.* Pour
éviter cette confusion de noms, nous les réunissons toutes, moins celle dite du bain de Thuès, dont nous n'a-
vons pas à nous occuper, sous le nom de sources des
Graus d'Olette, sources d'Olette, à cause de leur position
à l'entrée du passage appelé les Graus d'Olette, et de leur
proximité de la commune de ce nom, chef-lieu du canton,
placée sur la route avant d'arriver aux sources.

M. Roux, docteur-médecin à Genève, dans un mémoire
sur les eaux sulfureuses des Pyrénées-Orientales (1843,
Paris, rue de Tournon, 17), indique seulement comme
source de Thuès, la source sulfureuse du bord de la rivière (Anglada). Il mentionne encore la source dite de
la Cascade, dont il ne put approcher à cause de l'inon-
dation du sol. « *De tout côté, dans cet endroit,* ajoute ce

médecin, *jaillissent des filets d'eau sulfureuse : en pratiquant quelques fouilles, on trouverait énormément d'eau.* »

M. le docteur Donné, à la suite d'une excursion dans les Pyrénées, termine une notice (*Journal des Débats*, août 1850), en faisant observer qu'il n'avait pas voulu quitter les Pyrénées-Orientales, *sans aller visiter les eaux merveilleuses d'Olette.* Comme complément, il est dit, dans le même journal (février 1851) : « Nous avons signalé les
« sources d'Olette, remarquables par leur abondance,
« leurs variétés, leur haute température et leur degré de
« sulfuration. Espérons que l'attention désormais attirée
« sur ces richesses thermales, ne se détournera plus, et
« que l'on se décidera enfin à tirer parti de ces pré-
« cieuses eaux dans l'intérêt de l'humanité et des con-
« trées privilégiées qui les possèdent. »

Nous terminerons ces citations, par celle extraite d'une notice sur les eaux minérales du département des Pyrénées-Orientales, insérée dans le dernier Bulletin de la Société agricole, scientifique et littéraire de Perpignan, par M. le baron Guiraud de Saint-Marsal. Après avoir donné un aperçu général des thermes de ce département, M. Guiraud continue ainsi : « Nous ne saurions, enfin,
« nous dispenser de faire une mention spéciale d'un
« groupe qui dépasse en puissance tout ce qui existe de
« ce genre. A trois kilomètres au-dessus d'Olette, une
« infinité de sources se font jour au travers des roches
« granitiques de la rive droite de la Tet. Etablies en am-
« phithéâtre du niveau de la rivière à la hauteur de qua-
« tre-vingt mètres, les unes sourcillent, s'échappent par
« de nombreuses crevasses ; les autres s'élancent en jets
« et retombent en cascades. Leurs vapeurs, qu'on décou-
« vre de loin, exhalent une forte odeur sulfureuse. »

Enfin, il a été soumis à l'Académie nationale de médecine (séance du 13 novembre 1850) diverses observations sur ces eaux, avec le plan de position des sources et un tableau résumant leurs principaux caractères.

Il ne sera pas hors de propos de faire précéder la description des sources en particulier, par quelques aperçus topographiques sur la localité.

La rivière de la Tet, qui coupe le département des Pyrénées-Orientales en deux parties presque égales, de l'est à l'ouest, dans le sens de sa plus grande longueur, commence aux étangs de Puig-Carlit (2.921 mètres barométriques), et se termine à la mer, entre Canet et Sainte-Marie. Sur ce long parcours, elle reçoit beaucoup d'affluents qui augmentent considérablement son volume, la rendent torrentielle, quelquefois désastreuse, aux époques des fortes et longues pluies, tandis que dans les temps ordinaires, ils concourent en commun à fertiliser la contrée qu'elle traverse. La Tet alimente irrigations et usines; et malgré de nombreux barrages successivement placés dans son lit, la saignant à blanc lorsque les eaux sont peu abondantes, de nouvelles eaux reparaissent à peu de distance au-dessous pour alimenter d'autres artères qui y puisent la fécondité du sol.

De la mer à Perpignan et à Ille, la Tet coule sur un lit de sable, de gravier, de cailloux roulés : en amont d'Ille, le roc est souvent à nu ; alors aussi les côtés se rapprochent, et la vallée se dessine nettement. Sur la rive gauche, les principaux affluents sont la Castellane qui traverse le terroir de Campome, Mosset et Molitg; la rivière d'Urbanya, et à Olette, la rivière d'Évol qui descend des étangs de Nohèdes.

Sur la rive droite, les vallées transversales sont bien plus nombreuses, plus larges, plus belles, plus étendues; elles sont séparées par des chaînes, espèce de contreforts du Canigou, qui forment les vallées supérieures de Finestret, Fillols, Vernet, Sahorre, Nyer; au-delà, sont les gorges de Carensa et de Saint-Thomas.

Après Prades, la ville fortifiée de Villefranche, et jusqu'au-delà d'Olette, la vallée se resserre, ses côtés se relèvent; presque partout cependant la végétation est belle, brillante, activée qu'elle est, par un beau climat, et par cette multitude de petits ruisseaux d'arrosage qu'on voit serpenter jusqu'aux parties les plus élevées.

Enfin, il arrive un point où le rapprochement des côtés est tel, et les faces si droites, qu'on peut présumer qu'originairement il y avait réunion entr'elles, de manière à former un barrage, en travers de la vallée, à peu près à moitié hauteur de la mer à Mont-Louis. Au lieu connu sous le nom de Graus d'Olette, est ce barrage, dont le parcours, avant si périlleux, a été heureusement surmonté par M. Tastu, ingénieur des ponts et chaussées, auquel je dois la communication des hauteurs barométriques ci-après :

Pont sur la Tet à Perpignan......................	32^m
Prades, au droit de la route de Catllar..........	320,38
Villefranche, au seuil de la porte de France.....	392,68
Olette, à l'entrée du côté de Prades.............	584,41
Souterrain des Graus.............................	709,84
Pont sur la Tet, débouchant sur les Sources....	690,
Thuès..	762,58
Fontpédrouse, à l'entrée du côté de Prades......	993,58
Mont-Louis, seuil de la barrière de l'avancée....	1513,19

Le passage des Graus, est ainsi appelé de ce qu'il y a encore peu d'années, la route était élevée sur la montagne, d'où on descendait rapidement jusqu'au bord de la rivière, par une espèce d'escalier en zig-zag, pavé et formant des gradins ou marches, dont le nom catalan est *Graus*. On appelait aussi cette descente, le Tourniquet. Actuellement, la nouvelle route pénètre dans l'intérieur de ce passage sinueux, demi-circulaire, au moyen d'un tunnel pratiqué dans la roche qui forme le barrage en montant la vallée. Après le tunnel, la route suit les sinuosités du terrain, en passant à côté des précipices si redoutés anciennement par les voyageurs. Ce circuit des Graus est maintenant le plus beau morceau de la route, celui qui impressionne le plus, la première fois qu'on y pénètre.

En montant, et avant d'entrer dans le souterrain, on

aperçoit, à gauche, la fente ou coupure profonde, au fond de laquelle bouillonne la Tet. Cette fente est formée par deux faces presque parallèles, ayant au lit de la rivière de six à huit mètres d'écartement. La face sur la rive droite, a environ cent mètres de hauteur; celle sur la rive gauche est moins élevée. Après le souterrain, les faces s'éloignent pour se rapprocher à une distance de cinq cents mètres; et alors la face sur la rive gauche devient droite, s'élève et forme une véritable muraille naturelle. La roche schisteuse, essentiellement granitique qui constitue ces terrains, présente toutes sortes d'inclinaisons: quelquefois, les couches se dressent totalement, comme on le voit à chacun des bouts du tunnel, sur un filon calcaire saccharin blanc et gris, contenant cinq à six centièmes de silicate de chaux et de silice sablonneuse. Ce calcaire est exploité; il fournit de la bonne chaux pour les constructions.

Il est difficile d'admettre que cette fente des Graus, soit le résultat exclusif de l'action érosive des eaux descendant des parties supérieures de la vallée. Nous l'attribuerons plutôt à l'une des convulsions de la croûte du globe, postérieure à la formation générale de la vallée de la Tet, ayant produit une fissure par où ont pu s'échapper les eaux, là où précédemment les deux faces actuelles étaient sans solution de continuité.

Ces fentes étroites, hautes, perpendiculaires, sont assez communes dans les Pyrénées-Orientales; et c'est même une des différences des Pyrénées avec les autres chaînes. Nous signalerons celles de Saint-Antoine et de La *Fou*, à Saint-Paul; la crevasse appelée aussi La *Fou*, au-dessus d'Arles, par où s'échappent les eaux de Cortsavi; l'entrée et la fin de la vallée de Vernet; la déchirure de la gorge de Montalba, à Amélie-les-Bains (bains d'Arles), Carensa, Saint-Thomas, etc.

Avant la formation de ces passages, de grandes surfaces, actuellement soumises à la puissance de l'homme, devaient être couvertes par les eaux, dont l'écoulement, par ces issues, a entraîné partie de ces masses de cailloux, de sables, d'argiles, de marnes formant nos collines et le sous-sol de notre plaine. L'eau, par sa puissance d'érosion, comprenant sa force mécanique et son action dissolvante, a successivement approfondi le niveau de ces ouvertures, mais n'a pu en déterminer la formation première.

L'hypothèse que la plupart de ces coupures, ouvrant des vallées, ne sont pas uniquement dues à l'action des eaux, mais qu'originairement elles sont le résultat de mouvements intérieurs du globe, peut s'appuyer sur les considérations suivantes : La présence sur des points particuliers de sources abondantes, fortement thermales et sulfureuses, doit faire admettre que leur apparition est contemporaine de l'une des époques géologiques qui ont donné à la contrée où elles se rencontrent ses formes actuelles. A Amélie-les-Bains, les sources ont un grand volume, leur température va à 63° C.; elles sortent toutes d'une même roche, précédant immédiatement la gorge de Montalba. La superbe source de Saint-Thomas, qui fournit de cinq à six cents mètres cubes d'eau à 58° C., est après une coupure, presqu'à l'entrée de la gorge de ce nom. Signalons entr'autres, les sources des Graus d'Olette, jaillissant toutes d'un granit fortement feld-spathique, immédiatement après les Graus : elles sont réunies, agglomérées sur la face droite de la vallée, ainsi que sur le même côté de la gorge, appelée ravin de la Cascade, gorge des Cascades, torrent *réal* qui débouche sur la route, à quatre cents mètres des Graus.

Ces apparitions d'eaux chaudes se lient évidemment à une époque géologique des terrains attenants; et nous ne pouvons trouver une meilleure coïncidence que celle ayant ouvert les vallées, au moyen des profondes coupures du sol. Ainsi, les sources fortement thermales, sulfureuses, seraient une conséquence, dans plusieurs cas, des mouvements intérieurs du globe, ayant déterminé les fentes profondes qui les avoisinent.

Nous sommes heureux de dire que, lorsque nous avons publié un premier tableau des sources des Graus, avec des observations, portant que les nombreuses sources thermales des Pyrénées-Orientales pouvaient être considérées comme les évents ou les soupapes de sûreté de cette région des Pyrénées, M. Renard de Saint-Malo, savant aussi consciencieux qu'infatigable dans ses recherches, présenta aussi à la Société agricole, scientifique et littéraire de Perpignan, un mémoire excessivement riche de faits, sur les volcans de cette région pyrénéenne. Ce travail, intitulé les *Volcanisations occitaniques et les Volcanisations du pays de Bas, en Catalogne,* fournit des dates précises pour établir que, si des secousses volcaniques se sont souvent fait ressentir dans nos contrées, à partir des temps postérieurs à Jules César, depuis plusieurs siècles aussi, elles ne se sont plus manifestées; et que, par conséquent, ces tremblements du sol ne paraissent plus à redouter pour nous.

Les rapports d'origine que nous croyons exister entre ces volcans et nos sources thermales, nous engagent à faire connaître quelques-uns des faits signalés par M. de Saint-Malo.

Des terrains volcaniques sont connus au nord et au sud des Pyrénées-Orientales : au nord, Agde, rallié aux cratères de l'Auvergne; au sud, dans la haute Catalogne, Olot, Castell-Follit et les terrains intermédiaires. Le département des Pyrénées-Orientales, situé entre ces positions cratériques, doit probablement à cette coïncidence, la multitude et le volume de ses eaux thermales.

Nos populations n'ont pas ressenti des tremblements de terre depuis plusieurs siècles; et c'est à cette circonstance qu'il faut attribuer l'opinion, assez généralement admise, que nous avons été toujours à l'abri de ces accidents. M. de Saint-Malo, par des citations puisées aux meilleures sources, et principalement au *Livre-vert mineur,* conservé à la mairie de Perpignan, démontre que la Haute et Basse-Catalogne, comme le Roussillon, ont été souvent frappés par ces agitations du sol.

En 1214, tremblement de terre à Barcelonne; en 1321, 1370, 1373, tremblements de terre à Perpignan et en Catalogne; en 1374, ils renversent les tours et signaux de nos montagnes; en 1376, 1381, 1396, 1404, secousses à Perpignan et en Catalogne; de 1421 à 1428, secousses qui renversent deux fois Olot et Castell-Follit; La Réal, Campredon, Nuria, Puycerda et Prats-de-Molló, furent maltraités; à la même époque, la terre mugit et trembla de Tortose à Perpignan. Alors aussi, le clocher de Saint-Martin-du-Canigou avec partie de l'église s'écroulèrent. C'est aux effets de ces tremblements du xve siècle, qu'on attribue la désertion du territoire de Sansa, en Conflent (deuxième arrondissement), la chute de plusieurs ponts aux environ d'Arles, la chute d'une maison à Perpignan, celle de plusieurs métairies en Cerdagne, et enfin l'engloutissement d'Olot dans deux bouches de feu. De 1450, il faut arriver à 1560, pour trouver l'indication d'une faible agitation souterraine à Perpignan; depuis lors, le sol est toujours resté calme, même en 1755, lors du tremblement de terre de Lisbonne, qui se fit plus ou moins ressentir dans toute la péninsule.

De ce que nous venons de rapporter, il ne faudrait pas cependant conclure que l'apparition des eaux chaudes date des époques où on a commencé à constater en Roussillon les tremblements de terre: leur existence y est bien plus ancienne. Ainsi, des constructions romaines font remonter les thermes d'Amélie-les-Bains, aux premiers passages de ce peuple dans les Pyrénées. Au commencement du ixe siècle, on construisait le monastère de Saint-André de l'*Exalada*, où des vapeurs, à côté des sources des Graus d'Olette. La charte de donation des Eaux de Vernet, est du xie siècle, etc. Ce qui prouve que, malgré l'abondance des eaux chaudes, des secousses du sol avaient lieu, et probablement, si ces sources n'avaient pas paru, ces tremblements auraient été plus fréquents, et se continueraient peut-être encore. On peut attribuer les secousses plus récentes à l'occident des Pyrénées, à ce que les sources y sont moins volumineuses et moins thermales. Sans remonter bien loin, une secousse y a été sensible en 1850; et le 22 octobre 1851, vers cinq heures du matin, par un beau temps, une forte secousse de tremblement de terre, a également agité le sol à Pau, à Bagnères *(Mémorial des Pyrénées)*.

Aux Graus d'Olette, tout est du ressort des terrains soulevés; les couches minérales s'y contournent, s'y redressent jusqu'à la perpendiculaire; la roche s'y présente haute, droite comme une muraille sur les deux rives de la Tet, et dans la gorge de la Cascade. Des Graus à Thuès, sur la rive gauche de la Tet, pendant deux kilomètres, la roche presque droite est sillonnée par une multitude de filons de cuivre : ce sont les mines de cuivre de Canaveilles, qui ont fourni de si beaux échantillons de cuivre silicaté, et dont l'exploitation a été suspendue depuis quelques années. On descendrait avec difficulté dans les puits d'extraction; les galeries horizontales au niveau de la vieille route, sont restées ouvertes, et on peut les parcourir dans leur longueur. Ces mêmes filons reparaissent à côté des Graus, sur l'autre face de la vallée, à la jonction du terrain que nous appellerons aquifère, avec la roche nue, sans eau naissante. A l'entrée du souterrain des Graus, sur la rive gauche, nous avons dit que le calcaire est en couches perpendiculaires; des Graus à Thuès, sur la rive droite, on trouve des serpentines et des granits, avec des masses, de distance en distance, de calcaire magnésien silicaté, déposé dans un réseau de feuillets quartzeux.

Ce terrain des Graus, nous paraît un exemple de ces positions, où les forces souterraines ont produit de grandes modifications, dont la fin a été ici plusieurs cratères qui ne sont autres que les embouchures des sources les plus chaudes, ayant pour lave, de l'eau thermale. Que voyons-nous en effet dans ce lieu ? des coupures très profondes, des couches minérales fortement tourmentées, et un immense volume d'eau marquant jusqu'à 78° C., déposant facilement du soufre, reconnaissable à sa couleur, à sa combustibilité. De pareils faits servent à établir l'opinion du rapport intime de nos eaux thermales avec les causes volcaniques des Pyrénées, et de leur influence sur les effets des feux souterrains.

Déjà, en 1839, dans un mémoire sur les eaux thermales d'Amélie-les-Bains, nous avons fait observer la position de nos eaux chaudes autour du Canigou, et leur rapprochement des gîtes métallifères. Aux environs d'Amélie-les-Bains, le plomb sulfuré et le fer sont communs; Molitg et Vernet principalement, sont rapprochés de gîtes de même nature. A La Preste, comme aux Graus d'Olette, les filons de cuivre pyriteux, arsenical, sont attenants. Sous ce rapport, ces deux gisements aquifères, La Preste au sud, les Graus à l'ouest du Canigou, nous paraissent présenter le plus d'analogie. Une seconde observation fort remarquable sur la position des Eaux de La Preste et de celles des Graus, c'est de se trouver également sur la même face d'une ligne calcaire blanc et gris, déjà visible dans l'Ariége, coupant les Graus en se dirigeant sur Mantet, Py, Saint-Sauveur, au-dessous de La Preste; le Canigou étant toujours au nord, d'où ce calcaire court vers les Albères, traverse les Pyrénées, et vient se perdre dans la mer, auprès de Roses. Anglada, tome II, page 134, en se basant sur la position géographique, conjecturait *qu'un foyer commun alimentait les Eaux de La Preste et les Eaux de Thuès, si abondantes et si chaudes.* Nous sommes tout aussi disposé à admettre une origine commune à nos eaux thermales sulfureuses, modifiées dans leur composition selon les espaces et les terrains parcourus avant de parvenir à leur point d'émergence. La position de ces eaux autour du Canigou, rend assez vraisemblable l'hypothèse que c'est au-dessous des cette montagne, isolée de la grande chaîne des Pyrénées, considérée par les géologues comme étant d'une formation postérieure à ces dernières, que se trouve le grand laboratoire où se préparent nos eaux chaudes sulfureuses.

Des Sources.

Les sources dont nous avons à nous occuper, sont sur le côté droit de la vallée, en amont après les Graus, jusqu'à la gorge de la Cascade, y compris celles naissant sur la face droite de cette gorge; depuis son embouchure sur la route jusqu'à environ quatre cents mètres plus avant.

Anglada, tout en faisant observer que les sources sulfureuses de cette localité en font l'un des plus beaux ateliers d'eaux thermales qu'on rencontre dans les Pyrénées (tome I, p. 343), « qu'il n'avait vu, nulle autre part, un monument « d'eaux thermales sulfureuses aussi remarquable par leur « abondance » (Mémoires, tome I, page 238), n'avait pu en reconnaître qu'un petit nombre, signalées dans son traité. A l'époque de ces explorations, faites par mission spéciale du Conseil-Général, j'eus l'avantage inappréciable, pour un commençant, de seconder officiellement notre savant compatriote, auquel je restai depuis lors attaché comme un de ses plus fidèles élèves et un de ses amis les plus dévoués. Peu d'explorateurs avaient pu parvenir même aux sources les plus rapprochées de la rivière; une seule fois, en quinze ans, nous pûmes y aborder avec M. le docteur Paul Massot. Cet abandon presque complet des sources des Graus et leur difficile exploration, provenaient de leur position exceptionnelle sur la rive droite de la Tet, où l'on ne pouvait arriver qu'avec difficulté et péril. Actuellement tout a changé dans cette contrée, par la construction de la nouvelle route nationale.

Les sentiers escarpés et sinueux ont disparu; une large voie carrossable les a remplacés, et un beau pont, jeté sur la rivière pour transporter sur la rive droite la route qui précédemment suivait la rive gauche, débouche sur le terrain même des sources. Depuis lors aussi, les délimitations des propriétés particulières, sur lesquelles naissent les eaux, ayant pu s'effacer, par leur réunion en une seule main, toutes les sources sont devenues abordables, et on a pu aller sans difficulté ni obstacles de l'une à l'autre, par un chemin qui les met en communication. Peu après la construction de la voûte du pont, et bien avant que la route ne fût livrée à la circulation, je visitai ces lieux avec M. Jules François, ingénieur en chef des mines, bien connu par de nombreuses publications sur la métallurgie du fer, et en particulier par ses travaux d'aménagement et de recherches des eaux à Vichy, à Bagnères-de-Luchon et sur plusieurs points des Hautes et Basses-Pyrénées et de l'Ariége. Avec M. François, nous arrivâmes, un peu difficilement il est vrai, sur la généralité des sources, à l'exception de celles que j'appellerai du ravin de la Cascade, complètement inabordables alors, et presqu'iconnues jusqu'au moment où un ruisseau nouvellement construit, prenant l'eau froide à ce ravin, à plus de cent mètres de hauteur, a permis d'y aborder, de les compter et de les étudier. A la suite de cette exploration avec M. François, ce savant, si compétent dans les questions hydrologiques, m'écrivait : « Dès le moment où mon attention se fixa sur
« le rôle rationnel que devaient jouer les eaux minérales
« pour l'assistance et la santé publiques, je pensai aux
« belles sources sulfureuses de Thuès, les plus remarqua-
« bles que je connaisse sous le rapport de la température
« et du volume. Contiguës à la fois à la rivière de la Tet
« et à la route nationale de Perpignan à Mont-Louis, en-
« tourées de terrains inoccupés par des constructions,
« jouissant d'ailleurs d'une chute de plus de cent mètres,
« elles me parurent, dès le principe, offrir des ressources

« incomparables et inconnues à l'organisation de l'assis-
« tance publique, aux eaux minérales sur la plus vaste
« échelle, et notamment dans les applications principales
« de piscines, étuves et douches diverses. »

Les terrains agglomérés sur lesquels naissent ces sources,
ou qui en dépendent, sont parfaitement limités; leur étendue est de 12 à 15 hectares. La partie à gauche du plan,
placée avant la ligne marquée ravin, est sans eau naissante;
elle est exposée à l'ouest; elle a de belles positions, des
plateaux dominant la route, la rivière, la vallée jusqu'au-
delà de Thuès. Au sommet, on se trouve sur la crête de la
roche des Graus, d'où l'on découvre, d'une part la vallée
jusqu'à Olette, et d'autre part, la vallée supérieure jusqu'au
tournant de Fontpédrouse; sur la plupart des cîmes, sont
placés des villages qui animent ce magnifique tableau. Des
restes de constructions anciennes sont assez communes en
se rapprochant des positions qui dominent la rivière. Un
grand plateau, au-dessus de la ligne ponctuée, a été en
partie rétabli, en relevant une vieille muraille. Ces constructions formaient le château de Sérola, appartenant au
seigneur de Canaveilles. M. de Saint-Malo, avec sa complaisance habituelle, m'a donné à ce sujet la note ci-après :
« En 1323 (17 des cal. de janvier), Hugues de Canaveilles,
« fils d'Arnaud, fait hommage du château de Sérola au roi
« de Mayorque, tout comme Raymond, l'un de ses ayeux,
« l'avait fait à Alphonse II, roi d'Aragon *(Liber feudorum*
« *C.* folio 132). » Cette surface se couvre de plantations,
activées par une irrigation devenue facile.

Le terrain des sources, que nous pouvons appeler terrain thermal, terrain aquifère, fait face au nord, avec une
direction de l'est à l'ouest; on le voit compris entre la
ligne du ravin et le ravin de la Cascade.

La partie inférieure, bordée par la rivière, est coupée,
vers l'ouest, par le pont et la route nationale. A quelques
mètres de la rivière, le sol se relève avec des inclinaisons
variables, moins prononcées, en commençant, à l'est qu'à

l'ouest. De la route, sur la rive gauche, on ne voit devant soi, en exceptant la concavité à l'est et l'espèce d'esplanade au-dessous, qu'un plan incliné. Si, au contraire, on parcourt ce terrain, on trouve des plateaux nombreux en amphithéâtre, arrosés, cultivés, faciles à étendre et à multiplier. Un bois de chênes, dominant la route des Graus à Thuès, précède le ravin de la Cascade, remarquable par le redressement, la hauteur de ses côtés, ses chutes d'eau, ses cascades successives, alimentées en majeure part par des eaux chaudes. Partout la végétation est hâtive et brillante, à cause de l'humidité et de la chaleur du sol. Des arbres à haute futaie déjà plantés et d'une belle venue, et les plantations qui se continuent, ont complété le boisement de cette face du terrain thermal, excepté les positions des thermes et des habitations.

Le granit, plus ou moins modifié de forme et de proportion dans ses éléments, forme la roche thermale; sa cassure est granitoïde ou schisteuse; quelquefois il se rapproche des serpentines; souvent le principe siliceux y prédomine; le feld-spath en est toujours l'élément le plus important; aussi quelquefois il s'isole et reste presque seul.

Ce terrain est appelé terrain thermal, mine aquifère sulfureuse, parce qu'à partir de la rivière jusqu'à trente mètres de hauteur verticale, l'eau suinte sur toute la roche dénudée, nonobstant les sources bien distinctes; pareil suintement se manifeste à l'extrémité est. Le même effet a lieu en s'élevant à l'ouest, où l'on voit sur le plan une égale agglomération de sources. Nous dirons même que, depuis qu'il nous a été possible de parvenir aux parties supérieures du ravin de la Cascade, on a reconnu sur sa face droite, jusqu'à la dernière cascade, appelée cascade *del Sola de las Figueras,* une richesse thermale presqu'aussi forte que sur la rive droite de la rivière.

Divisions par Groupes.

Une première chose à faire a été de classer les sources, de leur donner un nom et même un numéro d'ordre. La seule dont se soit occupé Carrère, sous le nom d'eau d'Olette, est appelée, par Anglada, source du bord de la rivière. Il n'avait pas même été question des sources supérieures à l'est, ayant pour premier signalement leurs vapeurs, visibles de la route. Nous les avons divisées en trois groupes, appelés Saint-André, Exalada, la Cascade. Le nom de Cascade a été pris à celui de la gorge de ce nom, où les sources se groupent nombreuses, abondantes. Ceux de Saint-André et de l'Exalada nous ont été fournis par le nom du monastère de Saint-André-de-l'Exalada, bâti sur la rive gauche de la Tet, dans le cirque des Graus, vers le milieu du IXe siècle, détruit peu après, en 878, à ce qu'on prétend, par une grande crue des eaux de la Tet. Lorsqu'on connaît les lieux, il est difficile de croire, si la rivière se présentait, comme elle est maintenant, que ses eaux aient pu arriver jusqu'à ce monastère, dont les ruines se voient encore au-dessus de la route actuelle. On ne peut admettre cette cause de destruction, qu'en supposant une chute accidentelle de gros blocs de rochers, ayant momentanément obstrué le passage des eaux aux Graus, pendant de fortes pluies; et alors ces eaux, en s'élevant, auraient pu atteindre le monastère. Quoi qu'il en soit, après la destruction de l'édifice, les religieux abandonnèrent la localité, et fondèrent Saint-Michel-de-Cuxa, aux environs de Prades. Dans le pays, aux alentours des Graus, on croit, par tradition, que, du monastère, on passait au château de Sérola, dont les ruines sont vis-à-vis sur l'autre face de la vallée, au moyen d'une passerelle ou d'un pont suspendu en cordes. Si le fait est exact, et au fond il doit y avoir quelque chose de vrai, ce serait une des premières ébauches de nos ponts en chaînes de fer.

Le groupe des sources Saint-André, comprend les eaux depuis les Graus jusqu'au pont sur la Tet, en s'élevant à une hauteur perpendiculaire de trente mètres.

Le groupe de l'Exalada, réunit les sources supérieures à l'est.

Le groupe de la Cascade est formé des sources à l'ouest depuis le pont au ravin, savoir : celles inférieures à la route, et celles au-dessus en remontant aux positions les plus hautes, y compris celles de la face à droite dans le ravin de la Cascade.

Afin d'éviter une trop nombreuse multiplication de noms de sources, on a aggloméré en un seul, plusieurs jets distincts mais rapprochés. Telles sont les sources Saint-André, Saint-Louis, l'Exalada, la Cascade, le ravin de la Cascade, etc. Nous avons dû néanmoins dénommer trente-une sources, non compris des filets, suintements, plus tard transformés en sources, en en déblayant l'embouchure, et qui, tels qu'ils sont, auraient des appellations particulières dans d'autres localités. Ces sources varient entr'elles par le volume, la température, la composition : les unes forment un ruisseau à leur apparition; d'autres sont bien moins volumineuses : leur échelle thermométrique va de 50 à 78° C. A côté d'eaux puissamment sulfureuses, on en trouve chez lesquelles ce caractère est bien moins intense, et d'autres qui en sont totalement privées, tout en conservant l'alcalinité, une saveur prononcée et une action énergique. Les différences de niveau vont jusqu'à cent mètres, et partout l'eau froide naturelle peut être amenée à côté de l'eau chaude.

La cause des différences de température et du caractère sulfureux, dépend, en majeure partie, de l'état du sol, là où les eaux jaillissent. Celles qui sortent de la roche nue, sont les plus chaudes et les plus sulfureuses; celles qui arrivent à travers le sol désagrégé, meuble, perméable, sont les moins chaudes et les seules quelquefois sans sulfuration. Il en résulte que, si l'on poursuit ces dernières à travers le sol désagrégé, elles se transforment rapidement jusqu'à prendre une température plus élevée et une sulfuration prononcée. En principe, toutes les eaux naissantes sont des eaux originairement sulfureuses, qui se modifient plus ou moins, selon leur parcours avant d'arriver à la surface. On doit se féliciter de cette condition exceptionnelle, de réunir en une seule localité un si grand nombre de sources, ayant à leur apparition ces différences de thermalité, de composition, se prêtant à toutes sortes d'applications et de rapports avec des eaux anciennement employées. Le plan annexé donne la position des sources, comme le tableau en signale les principales propriétés. Evidemment, ce tableau présentera de nouvelles modifications, lorsque les sources seront définitivement aménagées. Ces modifications porteront sur le volume, la température, le caractère sulfureux de celles dont on jugera convenable de déplacer le point d'émergence; opération qui se fera avec une extrême réserve, pour éviter de dénaturer ces différences de composition, de chaleur, qui donnent à beaucoup de sources une spécialité et des applications particulières.

Groupe Saint-André.

Du pont sur la Tet jusqu'à l'entrée des Graus, à partir des bords de la rivière, en s'élevant à une hauteur verticale de trente mètres, on découvre un terrain humide, sur lequel l'eau ruisselle sur divers points. Jusqu'à présent, il avait été impossible de reconnaître les jets nombreux qui se font jour sur cette surface, presque partout inondée et recouverte, au-dessus de la prairie qui borde la rivière, de toutes sortes de plantes herbacées et d'arbustes, se développant avec luxe sous l'influence d'une chaleur et d'une humidité continues. Le sol ayant pu être mis à nu et déblayé de beaucoup d'obstacles, les principaux jets ont été isolés et découverts; malgré cela, l'eau sort encore par suintement, sur une large surface, dont le nivellement fera paraître de nouveaux jets, augmentant le nombre de ceux déjà reconnus.

Nous comprenons dans ce groupe onze sources, dont quelques-unes réunissent plusieurs points d'écoulement.

La principale est appelée Saint-André : c'est la source d'Olette de Carrère, la source du bord de la rivière d'Anglada (page 349). Sa position étant la plus abordable, avant et après la construction du pont, il était fort rare qu'on poussât les investigations au-delà; on croyait avoir tout vu après avoir admiré un gros ruisseau d'eau presque bouillante, s'élevant tumultueusement du sol. Maintenant que l'approche des autres sources est également facile, on a pu s'assurer de leurs différences essentielles; mais celle de Saint-André n'en reste pas moins la plus belle entre toutes. Elle jaillit à dix-sept mètres des bords de la rivière, et à un niveau plus élevé de quatre mètres, au point de jonction de la prairie avec la roche nue. Ce niveau pourra être facilement élevé. Dans ce moment, il y a une multitude de jets, de petits écoulements, qui débouchent au-dessus, à côté, à l'est, dont nous ne tenons aucun compte. L'eau s'échappe avec une ébullition apparente, produite par un dégagement continu, abondant, disséminé de bulles de gaz azote. Ce dégagement bulleux, la haute température de l'eau, font croire à une ébullition réelle; aussi, appelle-t-on le petit bassin qui réunit l'eau à sa naissance, *lo Bullidor*, la bouilloire, la chaudière.

Sa diaphanéité est parfaite; sa densité est de 1,0002; placée dans un vase en verre, on voit se produire, pendant quelques instants, une multitude de petites bulles d'azote, partant des parois. Son odeur, à l'instant du puisement, se rapproche de celle de l'eau chaude; insensiblement, l'odeur inhérente aux eaux sulfureuses se développe; l'addition d'une goutte d'acide sulfurique, lui donne de l'intensité. Sa saveur est celle des sulfureuses pyrénéennes, avec un arrière goût salin prononcé. Exposée à l'air dans une éprouvette, elle brunit pendant vingt-quatre heures le papier d'acétate de plomb, qui couvre le vase. Après avoir perdu le caractère sulfureux, l'arrière-goût salin, amer, est encore sensible.

Une pièce de cinq francs noircit promptement dans cette eau, à la source; l'action est plus prompte avec des feuilles d'argent. Une pincée d'acétate de plomb en poudre, projetée au bouillon de l'eau, la noircit aussitôt sur une assez large surface. Son impression sur la peau est onctueuse, après un refroidissement convenable. Les productions sulfuraires et glairineuses, ne commencent à se développer qu'à quelques mètres de distance de la source; elles sont jaunes rougeâtres, si l'eau reste pure; elles se présentent blanches, filamenteuses, aux points où il y a eu mélange avec des eaux froides. On peut dire d'une manière générale, que les eaux naissant sulfureuses avec des températures supérieures à 50 et 55°, ont leurs formations glairineuses avec une couleur rougeâtre, d'autant plus intense que la température est plus élevée; les dépôts verdâtres sont formés, dans diverses circonstances, par des eaux pures, non-sulfureuses à leur émergence; les dépôts blancs, pulpeux, signalent des eaux sulfureuses, avec des températures au-dessous de 50° C.; les formations blanches, filamenteuses, sont le résultat du mélange des eaux sulfureuses chaudes avec des eaux froides. Souvent, en ouvrant les sources, on trouve les veines aqueuses, remplies par une substance blanchâtre pulpeuse, avec des portions jaunâtres. Ce n'est pas de la glairine pure, comme on serait disposé à le croire; la masse est essentiellement composée de silice en gelée, tant est forte et active l'action de ces eaux, même sur la roche qu'elles traversent; la partie jaunâtre est du soufre.

Le volume de l'eau Saint-André, a été évalué à quinze

mètres de son point de sortie : dans ce jaugeage a été comprise l'eau de la source Saint-Jules (n° 2), à dix mètres à l'ouest, ainsi que plusieurs jets à six et sept mètres à l'est. Le résultat a été de cinq cent quarante litres à la minute, ou sept cent soixante-dix-sept mètres cubes, six cents litres en vingt-quatre heures.

En octobre 1850, la source Saint-André fut un peu déblayée; son volume augmenta sensiblement; et toutes les pierres en contact avec l'eau ou exposées à ses vapeurs, se trouvèrent plus ou moins attaquées. Les unes étaient colorées en rouge par l'oxide de fer, comme si elles avaient subi une calcination; d'autres présentaient des concrétions siliceuses mamelonnées; enfin, il y en avait dont la surface était ramenée à l'état de silice friable presque pure, recouverte de petits cristaux prismatiques de soufre jaune, brûlant sans résidu. Des échantillons recouverts de soufre ont été remis à l'Académie nationale de médecine (novembre 1850).

D'après Carrère, l'eau Saint-André aurait fait monter, à $70°,5$, l'esprit de vin d'un thermomètre de Réaumur. La construction vicieuse des anciens thermomètres à alcool, pour les températures au-dessus de 20 à $25°$, ne peut faire admettre que cette température supérieure à $88°$ C., ait été la véritable lors de l'observation.

Anglada l'a trouvée à $75°$ en 1820; M. Roux l'a reconnue à $75°,5$ (page 23). En octobre 1850, après l'exploration de la source, je trouvai la température à $75°,5$ C., indiquée dans mes observations soumises à l'Académie, sur la fixité des températures des fortes sources thermales à l'abri des filtrations supérieures qui en altèrent quelquefois accidentellement et momentanément la chaleur.

L'observation, en octobre 1850, fut faite avec un thermomètre dont la graduation n'avait pas été vérifiée depuis plusieurs années. Me trouvant à Paris en novembre 1850, il me fut remis, par M. le secrétaire de la commission des eaux minérales de France, un thermomètre gradué sur verre, pour vérifier les indications des températures des sources du département. Ce thermomètre fut lui-même comparé, par M. Silberman, aux thermomètres étalons du Conservatoire des arts et métiers; et les températures, depuis décembre 1850, ont été observées avec cet instrument. Depuis lors aussi, la température de l'eau Saint-André a été fixée à 75° C. Carrère l'avait essayée pour la cuisson de la viande et pour tremper le pain d'une soupe; les baigneurs l'emploient à la cuisson des œufs, fait vérifié par l'illustre chirurgien Lallemand, avec lequel j'eus l'avantage de parcourir le terrain thermal des Graus d'Olette.

En opérant sur une même source, les différences légères, reconnues par divers observateurs, peuvent provenir des thermomètres, et souvent du point où se place l'instrument. Il faudrait aussi être assuré que rien n'a été changé dans la disposition des lieux; car il suffit quelquefois de quelques coups de pics donnés à l'embouchure d'une source, pour obtenir une modification de chaleur plus ou moins sensible.

Ses caractères chimiques sont ceux des sulfureuses pyrénéennes, alcalinité prononcée, soufre à l'état de sulfure de sodium (SSo), acide carbonique combiné, silicates alcalins, composé azoté en dissolution. Voici les indications obtenues avec quelques réactifs :

Sirop de violettes.......	Verdit fortement.
Azotate d'argent........	Brun foncé trouble; peu éclairci par l'ammoniaque.
Acétate de plomb.......	Précipité brun.
Acide arsenieux.........	Sans action; l'addition de l'acide sulfurique rend le liquide jaune.
Sulfate de zinc..........	Détruit le caractère sulfureux.
Acide sulfurique........	Développe l'odeur hépatique.
Oxalate d'ammoniaque.	Pas d'action sensible.
Chlorure de barium....	Ne trouble presque pas la limpidité.

Eau de chaux............ Un flacon à l'émeri, de litre, a été totalement rempli par $9/10$ eau minérale, $1/10$ eau de chaux et aussitôt bouché. En peu d'instants, le liquide a commencé à *louchir;* et, après vingt-quatre heures, précipité floconneux avec faible dépôt adhérent au fond du flacon. Quelques gouttes d'acide sulfurique, redissolvent ces précipités avec émission de petites bulles gazeuses se détachant du fond; l'eau de chaux a produit du silicate et du carbonate de chaux.

Anglada (tome I, page 73), dans un tableau résumant la composition des principales sulfureuses, donne celle de cette eau, sous le nom de source du Pré; elle se distingue à la colonne de la totalité des produits, par une abondance extraordinaire de matériaux médicamenteux. Elle est ainsi établie :

Glairine..	0,0249
Hydrosulfate de soude cristallisé (quantité indéterminée).	
Carbonate de soude....................................	0,1079
———— de potasse (traces).	
Chlorure de sodium.....................................	0,0635
Sulfate de soude..	0,1445
Silice..	0,1627
Carbonate de chaux....................................	0,0057
Sulfate de chaux..	0,0078
Carbonate de magnésie (traces).	
	0,5170

La proportion de sulfure de sodium, n'étant pas précisée dans cette analyse, nous l'avons reprise avec l'espoir de trouver dans cette eau des éléments reconnus depuis peu d'années dans les sulfureuses. Nous extrairons ce qui va suivre du mémoire présenté à l'Académie de médecine.

Les eaux d'Olette développent abondamment leur part de ces produits inhérents aux eaux sulfureuses, confondus sous les noms de glairine, barégine, sulfuraires, etc., produits dans lesquels M. Henry trouva de l'iode, en opérant avec ceux de Cauterets. Je suis arrivé à une semblable indication avec les matières glairineuses non organisées et avec des signes d'organisation, des sources des Graus. Elles ont été alcalinisées, desséchées et calcinées; le résidu lavé a fourni un liquide dans lequel l'amidon, l'acide sulfurique, la vapeur de chlore, ont développé un faible nuage bleuâtre, indice de la présence de l'iode.

Il nous a paru également convenable de nous assurer, par l'analyse élémentaire, des rapports de composition entre ces produits des eaux sulfureuses, et les composés azotés d'origine organique, comme la gélatine, l'albumine, la fibrine, avec lesquels on avait cru reconnaître une grande analogie de composition. L'analyse élémentaire les en éloigne sensiblement; aussi, imite-t-on la nature en faisant un bain sulfureux avec une dissolution sulfurée et de la gélatine, comme ceux qui font du vin avec de l'eau, de l'eau-de-vie et du bois de campêche, ou tout autre matière colorante.

Ces analyses élémentaires sont dues à mon fils, ainsi que des observations assez intéressantes sur la matière colorante des glairines : elles sont le sujet d'un mémoire spécial. Elles démontrent que, dans la glairine pure, non organisée, il y a une proportion moyenne de huit pour cent d'azote, tandis que, dans les matières animales dites protéiques, cette proportion est de seize pour cent.

Un second résultat tout aussi important, c'est qu'à mesure que la glairine s'organise sous l'influence des agents extérieurs, pour se transformer en sulfuraires, etc., la proportion d'azote diminue. Il s'agit actuellement de reconnaître si, à mesure que l'organisation se développe et se complète, cette déperdition d'azote se continue, jusqu'à arriver à la composition des plantes des classes inférieures, ne contenant presque pas d'azote et en presque totalité formées de cellulose, composée, suivant M. Payen,

de carbone 44,8
hydrogène.................. 6,2
oxigène 49,0
_____
100,0

Analyse Quantitative.

Les éléments minéralisateurs de l'eau Saint-André, sont de trois sortes : les gaz dissous, les composés altérables à l'air, les matériaux fixes. Le résidu d'évaporation renferme les matériaux fixes et une partie des composés altérables transformés en d'autres produits, d'où il suit que l'analyse doit se subdiviser de manière à déterminer la proportion et l'état de chacun des éléments, tels que le sol les rejette.

Des gaz. De l'oxigène et de l'azote sont en dissolution dans cette eau, dont on les isole facilement en précipitant le soufre à l'état de sulfure insoluble, et faisant bouillir le liquide dans un appareil convenablement disposé pour recueillir les gaz. Anglada s'était assuré de cette aérification des sulfureuses des Pyrénées-Orientales; depuis lors, je l'avais également signalée dans des mémoires spéciaux sur des sources de Molitg et autres. Les proportions d'oxigène et d'azote n'étant pas toujours constantes pour la même eau, il nous a suffi de renouveler cette opération, pour rappeler combien la présence de l'oxigène libre en dissolution dans les eaux sulfureuses, contribue à la perte rapide de leur caractère sulfureux, même dans les vases hermétiquement bouchés, où on croit les conserver à l'abri de cette altération.

Composés altérables à l'air. Le plus important est le sulfure alcalin, transformé partie en sulfate, partie en carbonate. Il y a encore les silicates qui, pendant l'évaporation à l'air, se changent en carbonate et en silice. Et comme ces eaux, dès leur apparition, contiennent un carbonate alcalin, il ne faut pas confondre celui-ci, avec la proportion provenant des sulfures et des silicates. Les premières opérations quantitatives ont été l'évaluation du soufre à l'état de sulfure, l'évaluation de l'acide carbonique à l'état de carbonate, au moment de la naissance de l'eau.

Le soufre précipité par un sel d'argent, avec excès d'ammoniaque pour dissoudre les composés insolubles autres que le sulfure d'argent, a donné après le lavage, la dessication, un précipité pesant $0^g,09$ pour un litre d'eau. Ces 0,09, sulfure d'argent, représentent 0,01162 soufre et 0,02829 sulfure de sodium (SSo). De l'acide carbonique combiné, se trouve dans l'eau Saint-André; toutes les sulfureuses des Pyrénées-Orientales, en présentent également. En opérant par les procédés, mentionnés dans d'autres mémoires, j'ai isolé dix centimètres cubes d'acide gazeux pur, pour un litre d'eau, proportion d'acide, représentant 0,047849 carbonate de soude.

Matériaux fixes. L'évaporation de l'eau a été opérée lentement; vers la fin de la concentration, le liquide prend une teinte jaune, sa surface se recouvre de paillettes solides, comme le ferait une dissolution saline, amenée au point de cristallisation; c'est de la silice qui se sépare, imprégnée des autres matériaux de l'eau. Cette séparation de silice, est si abondante qu'on l'apprécie sensiblement par l'évaporation d'un seul litre d'eau; à ce point de concentration, l'odeur et les réactions du résidu sont alcalins : la dessication totale a été terminée dans une étuve. Les poids successifs du résidu sec, de ce résidu calciné pour détruire la matière combustible, des résidus insolubles dans l'eau, les acides, ont été évalués en premier lieu dans mon laboratoire, et plus tard au laboratoire du Conservatoire des arts et métiers, en agissant sur de nouveaux produits.

Nous ferons observer que la silice se retrouve dans tous les liquides évaporés; l'eau seule en dissout, les acides en dissolvent: le résidu insoluble, après ces traitements divers, en est à peu près totalement composé. Les fluates n'ont pas été constatés d'une manière assez nette pour en admettre la présence. Des traces caractéristiques de l'iode ont été manifestées; cette indication devient plus précise par sa concordance avec celle fournie par les formations glairineuses. Enfin, malgré les résultats mentionnés ci-après, obtenus avec un dépôt boueux, nous n'admettrons pas jusqu'à nouvelle preuve, la présence atomistique du cuivre et de l'arsenic dans cette eau. La potasse, la chaux, la magnésie, l'alumine, le fer, se retrouvent dans le résidu avec leurs caractères distinctifs et en sont des éléments essentiels[1].

COMPOSITION PAR LITRE.

Oxigène, } volumes indéterminés.
Azote,

Sulfure de sodium	0,02829
Carbonate de soude	0,04785
Potasse	0,00821
Soude	0,03542
Sulfate de soude	0,06500
Chlorure de sodium	0,03160
Chaux	0,00813
Silice	0,14300
Alumine, Magnésie, Fer, Iode, } proportions trop faibles pour être isolées; évaluées ensemble, à	0,03000
Glairine (composé azoté)	0,03400
	0,43150

[1] Ces bases existent combinées avec la silice ou les autres acides; leurs proportions sont trop faibles pour que nous ayons pu, ni même cherché, à

Le tirage par le sulfhydromètre a donné une moyenne de 150°, ou 150m d'iode par litre, représentant 0,01891 soufre et 0,04608 sulfure de sodium. Les écarts de nombre entre les résultats sulfhydrométriques, et ceux de l'appréciation du soufre, précipité à l'état de sulfure insoluble, font de plus en plus apprécier combien l'évaluation par cette dernière méthode est à préférer pour une analyse précise de quantité. Le titre sulfhydrométrique, variable en lui-même par une foule de circonstances accessoires, est puissamment modifié, selon l'alcalinité du sulfure, la proportion d'alcali libre, carbonaté ou silicaté. La saturation préliminaire par l'acide acétique a été proposée; et malgré cela on ne peut compter sur une exacte évaluation par le sulfhydromètre, procédé qui n'en reste pas moins très convenable pour la comparaison de sources d'égale origine, ou pour celle d'eaux d'une même source, examinées dans des circonstances différentes.

L'eau Saint-André, après vingt-quatre heures de séjour dans un flacon bouché à l'émeri, marque 60° au sulfhydromètre; après trois jours d'exposition à l'air, le titre sulfhydrométrique est de 38°; sa saveur reste saline, et son action est prononcée sur le sirop de violettes. Conservée dans des bouteilles débouchées, pendant un mois, elle accuse le même degré iodique et la même alcalinité. — Cette eau Saint-André, ayant 75° de température mêlée à égal volume d'eau de rivière à 20°, donne une moyenne de température de 48° C., et ce mélange marque 70° au sulfhydromètre.

---

isoler ces combinaisons. La proportion de l'iode est si minime, qu'il faut agir sur le résidu de huit ou dix litres d'eau, pour en retrouver des traces. A quelle combinaison faut-il rattacher cet iode? La réponse est tout-à-fait hypothétique; nous croyons cependant que l'iode paraît plutôt appartenir à une combinaison avec le composé azoté, appelé Glairine ou Barégine en dissolution dans l'eau, qu'à tout autre produit. Nous nous basons sur ce que l'iode si difficilement appréciable, en opérant avec le résidu d'évaporation, se retrouve bien plus distinctement, dans les produits glairineux formés par ces eaux.

Le procès-verbal de jaugeage a donné pour résultat près de 1800 mètres cubes d'eau thermale par jour. Dans ce chiffre ne sont pas compris les filets, petites sources, filtrations. On a évalué, par approximation, à 150 litres par minute, les sources, dites du ravin de la Cascade, abordables depuis lors et fournissant un volume bien supérieur. Si nous portons à 2000 mètres cubes par jour, la totalité des eaux, ce qui évidemment est au-dessous de la réalité, et si nous calculons la composition d'après la source Saint-André, on trouve que, journellement, ces eaux soutirent au sol,

Sulfure de sodium	56^{k}580
Carbonate de soude	95,700
Potasse	16,420
Soude	70,840
Sulfate de soude	130,000
Chlorure de sodium	63,200
Chaux	16,260
Silice	286,000
Alumine, Magnésie, Fer, Iode,	60,000
Composé azoté	68,000
	863^{k}000

Source Saint-Jules, n° 2. — A dix mètres à l'ouest de la source Saint-André, au même niveau et à la jonction de la prairie avec la roche, il y a maintenant une belle source, qu'on ne connaissait pas précédemment. En excavant la prairie, on trouva à peu de profondeur le sol chaud, avec des écoulements d'eau thermale. Ce fut en suivant un de ces courants, qu'on arriva à la position actuelle de la source Saint-Jules, entièrement couverte par des pierres et de la terre, comme le sont probablement d'autres sources sur les bords et sous la prairie.

L'eau Saint-Jules est en tout identique à l'eau Saint-

André; seulement, sa température actuelle est à 75° C., probablement parce qu'elle reçoit un assez grand nombre de filets supérieurs qui en abaissent la thermalité. Son volume est moindre que celui de Saint-André. Ils ont dû être confondus pour l'évaluation.

A six et sept mètres à l'est de Saint-André, à un niveau plus élevé de deux mètres, on rencontre plusieurs jets de composition et de température analogues aux deux sources précédentes, qu'il est superflu de distinguer comme sources particulières. Ces indications signalent sur une longueur de vingt mètres, une veine aqueuse peu inclinée, qui alimente ces sources et probablement aussi les jets, suintements supérieurs de quelques mètres. En aplanissant le sol au-dessus de cette veine aquifère, ces jets, ces suintements seront remplacés par des écoulements plus réguliers, dont on ne peut prévoir ni le nombre, ni le volume. Au niveau de ces sources, passe un ruisseau d'eau froide, alimenté par une dérivation de la grande Cascade sur la route, ou par l'eau de la rivière, déviée bien avant le pont. Après ces sources, en se dirigeant à l'est, on rencontre un autre ruisseau alimenté par les eaux chaudes supérieures; et, en côtoyant ce ruisseau thermal, on arrive bientôt à une espèce de grotte, d'où sort continuellement un courant d'eau qui avait fait croire à l'existence de sources dans l'intérieur. L'abattage des plantes et arbustes qui la couvraient, ou en gênaient les abords, a permis de s'assurer que l'eau sortant de cette cavité, y pénétrait par des filtrations supérieures, et, en majeure partie, par la déviation des eaux chaudes du ravin.

Anglada (page 355) trouva cette grotte tapissée, au sommet, de concrétions composées de silice, de carbonate de chaux, de matières organiques. Des composés analogues ont été trouvés dans les déblais de plusieurs fissures, où des eaux sulfureuses ont réagi sur des eaux d'égale origine, modifiées en filtrant plus ou moins longuement dans la roche désagrégée.

Le sol de la grotte est couvert par un dépôt limoneux,

noir, composé d'argile, de sulfure de fer, de manganèse, avec une proportion minime de carbonates, de phosphates terreux, et de treize et demi pour cent de matières organiques. Ce dépôt essayé, pour y reconnaître l'arsenic, a produit des taches noires, brillantes, pas plus sensibles qu'une pointe d'aiguille, disparaissant presqu'aussitôt après leur apparition. On ne peut donc admettre, jusqu'à présent, la présence atomique de l'arsenic dans ce dépôt, et par suite dans l'eau qui l'imprègne.

Les essais pour le cuivre y ont manifestement démontré des traces de ce métal. On ne peut néanmoins avancer encore, que c'est un indice de la présence du cuivre dans l'eau de ces sources. Il conviendra d'opérer sur un résidu de cent litres d'eau, au moins, pour espérer un signalement non équivoque. Il est convenable de rappeler que, sur l'autre face de la vallée, les filons cuivreux sont nombreux, et que les affleurements de cuivre ont fait ouvrir deux galeries au-dessus de cette grotte, à côté du ravin, entre le groupe Saint-André et le groupe de l'Exalada.

Autour de la grotte, l'eau est partout; elle coule dessus, elle coule devant. Si l'on côtoye le chemin, en montant ou en descendant, on aperçoit des dépôts glairineux, différemment colorés, indices des suintements thermaux qui s'extravasent par les fissures de la roche.

Un de ces suintements, en remontant le chemin, forme plusieurs filets, à l'un desquels a été adapté un tuyau, servant de buvette, désignée sous le nom de source de la Grotte (n° 3 bis). La température de cette eau est à 56° C. Sa saveur est hépatique prononcée; elle brunit les sels de plomb et d'argent; elle verdit fortement le sirop de violettes; elle marque 90° au sulfhydromètre; ses dépôts glairineux sont rougeâtres. On l'utilise en boisson.

Source Saint-Louis (n° 3). Sous ce nom sont compris plusieurs jets isolés, à quinze mètres à l'est de la grotte, et à six mètres à droite du chemin qui conduit aux sources plus élevées. Anglada, tome II, page 183, signale cette source, en l'appelant eau thermale simple de Thuès. La difficulté des lieux, à l'époque où il les visita, le manque de renseignements par des personnes bien informées, furent la cause de ces fausses indications. Carrère n'en avait pas fait mention, et Anglada la signale comme la plus élevée et proche du ravin qui divise la commune de Thuès de celle d'En. La ligne de délimitation est au ravin de la Cascade; et, bien au-dessus de cette source, est le groupe de l'Exalada qui alimente le ruisseau inférieur à Saint-Louis et passant devant la grotte.

Les divers jets Saint-Louis s'étendent sur une longueur de quatre mètres, supérieure de quatre à cinq mètres au chemin. L'eau, en s'échappant avant de joindre le ruisseau, s'étend sur une surface de seize à vingt mètres carrés, couverte par des formations glairineuses, verdâtres, rapidement reproduites, après qu'on les a enlevées.

Il n'y a pas uniformité de température, de volume, dans ces jets. Leur réunion a donné 75 litres de liquide à la minute : la température varie de 40 à 48° C.; la moyenne est 45° C., qu'on peut augmenter ou diminuer par le mélange des eaux. La saveur est saline amère; le sirop de violettes prend une teinte verte prononcée; l'acétate de plomb est faiblement bruni par un jet; les autres, le troublent en blanc : il en est de même avec l'azotate d'argent. La moyenne du titre iodique est 50°; le jet à 48° de température, marque 54° au sulfhydromètre. L'eau Saint-Louis, arrivant à la surface presque sans sulfuration, mais encore alcaline, doit cette transformation à son passage dans un sol désagrégé. Il en résulte qu'avec l'oxalate d'ammoniaque, elle présente des traces appréciables de chaux, caractère que ne présente pas l'eau Saint-André ou tout autre eau, sensiblement sulfureuse à sa naissance. La présence de la chaux est plus manifeste dans l'eau froide du ravin qui provient des sources de l'Exalada, à l'est. D'où l'on peut établir d'une manière générale, que l'eau thermale des Graus, lorsqu'elle naît sulfureuse, ne manifeste pas de louche avec l'oxalate d'ammoniaque ; que cette même eau, arrivant à la surface sans sulfuration, par suite de son passage à travers le sol meuble, éprouve un trouble plus ou moins prononcé avec cet oxalate, selon la durée ou l'étendue de ce parcours.

On s'est bien gardé de suivre ces jets distincts de la source Saint-Louis, jusqu'à la roche, pour les réunir et obtenir température plus élevée et caractère sulfureux prononcé. La cause de cette abstention est, en premier lieu, la position favorable de la source ; et, secondement, s'il est des cas où des eaux énergiquement sulfureuses sont recherchées, dans d'autres circonstances, celles sans réactions de cette nature au moment de l'emploi, sont également aptes à produire de grands effets thérapeutiques. Telles sont la généralité des eaux, plus ou moins sulfureuses à leurs sources, mais qui, par une réfrigération à l'air ou par d'autres causes, arrivent au point où on les utilise, sans présenter ce caractère. Ce fait de la perte de sulfuration est connu de tous ceux qui ont suivi les eaux sulfureuses thermales, dans leurs modifications, jusqu'au moment de leur emploi.

Les eaux, ainsi transformées, exercent toujours sur l'économie animale une action si puissante, et leurs effets sont souvent si merveilleux, qu'on ne peut s'empêcher de reconnaître que la science est bien loin encore d'avoir trouvé la cause ou l'explication des effets produits par ces eaux, à l'instant où on les utilise en bains, douches, boisson.

Les habitants d'En et des communes voisines, ont, de tout temps, demandé à ces eaux des Graus des moyens de guérison. Ils pratiquaient des bassins dans le sol, à côté des sources ; et là, à l'air, sans abri, ils ont réalisé des cures extraordinaires. Il était convenable de constater, par de bonnes observations, l'efficacité individuelle de ces eaux si nombreuses et si variées. Il s'agissait de s'établir sur une belle position, et d'expérimenter momentanément une ou plusieurs sources. Par des causes accidentelles, c'est la source Saint-Louis, qui a été la première mise en expérience; et voici ce qui en a déterminé le choix.

M. Meunier, de Perpignan, ancien chirurgien, se trouvant à Olette, eut la pensée d'essayer l'eau des Graus, sur sa main, en partie paralysée à la suite d'une blessure très grave. Il prit une douche d'une heure, à la chute d'eau réunissant tous les jets Saint-Louis. A la suite de cette longue et forte douche, sa main fut assouplie, ses doigts reprirent du mouvement, et il put soutenir et prendre des objets assez volumineux, ce dont il était privé depuis long-temps.

M. Gay, maire et notaire à Olette, avait un de ses enfants avec une plaie au bras, sous forme de gangrène blanche, provenant d'un vésicatoire, dont on ne pouvait obtenir la cicatrisation. Une douche détergea la plaie et la cicatrisation eut lieu sans plus de retard.

Le sieur Joseph Camps, maréchal-ferrant à Thuès, était porteur, depuis plusieurs années, d'une plaie fistuleuse à la jambe gauche, qui avait résisté à toutes sortes de traitements. Comme dernière ressource, il s'organisa pour prendre quelques bains et douches avec cette eau; en peu de temps la plaie s'agrandit, sa couleur changea, et la guérison radicale eut lieu.

Me trouvant un jour aux sources, je vis le nommé Manal-Payré, de Canaveilles, qui tenait un mouton plongé dans le ruisseau formé par l'eau Saint-Louis; il me dit que c'était pour obtenir la guérison d'une grosse tumeur que ce mouton avait à une cuisse. J'ai su que, peu de jours après, la guérison était complète, et que souvent on se servait de ces eaux sur les animaux. En effet, le nommé Jean Py, de Thuès, avait une jument avec une dartre qui recouvrait toute une cuisse. Après avoir inutilement employé une foule de remèdes, il conduisit, pendant plusieurs jours, cette jument au ruisseau d'eau thermale, où il puisait de l'eau avec un seau, pour asperger pendant près d'une heure la dartre : en peu de jours, la guérison eut lieu.

Ces faits, auxquels nous pourrions réunir plusieurs autres, décidèrent la construction d'une bâtisse, dans laquelle on a disposé deux cabinets avec baignoires et douches, recevant directement l'eau Saint-Louis, dont on peut élever ou abaisser la température, selon le mélange des jets. Au besoin, on active l'action par de l'eau Saint-André rapidement réfrigérée; et, pour la boisson, on emploie des eaux sulfureuses à divers degrés ou des eaux sans sulfuration, selon les affections à combattre et les facultés d'assimilation par l'estomac. Depuis cette installation, M. Puig, d'Olette, médecin aussi capable que dévoué à sa profession, a bien voulu se charger de recueillir, chaque jour, les observations obtenues avec ces eaux. Elles sont imprimées à la suite de cette notice.

Nous sommes entré dans ces détails, en parlant de la source Saint-Louis, pour expliquer la cause de l'expérimentation avec cette eau, malgré son caractère non sulfureux, lorsque, tout à côté, il y a un si grand nombre de sources puissamment sulfureuses.

Source de l'Hortet, n° 4.—Le niveau de son point d'émergence est un peu plus élevé que celui de la source Saint-Louis. Elle était restée inconnue jusqu'à présent, à cause de sa sortie, sous des pierres, qui avaient empêché d'en soupçonner l'existence. Sa saveur est faiblement hépatique; elle a une légère sulfuration, qui en a rendu l'emploi en boisson, favorable à certains estomacs facilement irritables. On l'a comparée, sous ce rapport, aux Eaux-Bonnes.

Source du Bain Gaurenne (n° 5), placée, entre le n° 3 et le n° 4, à une niveau supérieur à celui de cette dernière; elle était utilisée en bains, dans un bassin à l'air libre, recouvert seulement par les branches des arbres et arbustes s'élevant tout autour. C'était le bain Gaurenne, ancien propriétaire du lieu.

Sources Saint-Joseph et Saint-Victor (nos 12 et 13), égales par leur composition, leur volume, et à quelques mètres l'une de l'autre; elles sont à la gauche du chemin des sources inférieures à la Cascade. Elévées de trente mètres au-dessus du niveau de la rivière, sur un point très ombragé, elles sont heureusement placées, soit qu'on les applique à la boisson, soit qu'on veuille les conduire, pour bains tempérés non sulfureux, aux divers étages des thermes, au-dessus de Saint-André.

Source Bonne (n° 12 bis), directement au-dessous des deux sources précédentes, à deux mètres du ruisseau qui longe la prairie, et à quinze mètres à l'est du pont. Il naît à un angle rentrant de la roche, une eau avec glaires blanches, pulpeuses; sa température est à 38°,5 C; sa saveur est fortement hépatique, caractère qu'elle conserve avec persistance, pendant plus de 36 heures, malgré son exposition à l'air dans un vase découvert. Ses réactions sont celles des sulfureuses bien caractérisées; son titre sulfhydrométrique est 80. Refroidie à l'abri de l'air, elle accuse alors 60°. Un tuyau soudé à la roche, réunit cette eau en un jet servant de buvette.

Source de la Prairie et source de Natation (nos 22 et 23). Elles se trouvent vers la partie inférieure de la prairie, sur laquelle on a élevé la bâtisse avec les baignoires d'expérimentation. Elles se présentaient à l'origine en jets ascendants; le sol ayant été ouvert, il a été reconnu que les eaux provenaient des positions plus élevées, d'où elles arrivent souterrainement à travers des blocs roulés, du sable, de la terre argileuse. Leur origine paraît se rapprocher et être inférieure aux nos 3 et 4.

Les eaux qui arrivent à ces embouchures, 22 et 23, sont destinées à s'échapper dans un bassin de natation, de trente à quarante mètres de long, sur quinze à vingt de large, recevant aussi l'excédant de plusieurs autres sources, de manière à y établir un renouvellement continu de plusieurs centaines de litres d'eau, à la minute.

Groupe des Sources de l'Exalada.

Sept sources bien isolées forment ce groupe, si remarquable par son agglomération à l'est du terrain thermal, par sa situation élevée au-dessus du groupe Saint-André et son éloignement du groupe de la Cascade. Carrère, Anglada, ni aucun explorateur n'en ont fait mention; et cependant leurs vapeurs sont presque toujours visibles de la route, sur la rive gauche de la rivière. Un autre avis inutile de leur existence, était ce ruisseau d'eau chaude qui coule dans le ravin au-dessous de la source Saint-Louis.

Elles sont à plus de deux cents mètres de la rivière, avec une différence de niveau de 45 à 60 mètres. Elles dominent une concavité du terrain, formé par un sol désagrégé, divisé en plateaux cultivés, boisés, et en prairie naturelle. Ces divisions du sol et l'eau qui le recouvrait continuellement, rendaient très difficile l'accès des sources; actuellement, un chemin direct, passant sous Saint-Louis et au-dessus du ravin, conduit, en serpentant de l'une à l'autre source, jusqu'à la plus élevée : la continuation de ce chemin arrive à la Cascade.

L'arrivée au groupe de l'Exalada, par ce chemin direct, est un peu pénible; on fait la montée avec moins de fatigue, en suivant, à la hauteur de la source du bain Gaurenne, un chemin qui, traversant le ravin, se dirige au plateau de Sérola, où l'on peut se reposer et où l'on a devant soi la route, la rivière, la vallée jusqu'au-delà de Thuès. De ce plateau, l'on arrive, par une montée presqu'insensible, au-dessous des sources de l'Exalada. En repassant sur le ravin, on rencontre alors, au-dessus et au-dessous, deux galeries de mine. A la galerie de dessus, le filon est visible à la tête et aux pieds; il se compose d'oxide de fer, faiblement cuivreux, avec le quartz pour gangue. A la galerie de dessous, le filon ne se présente pas : on le trouve dans le ravin même; ses affleurements sont du cuivre pyriteux silicaté, mêlé à de la pyrite martiale, avec des traces arsenicales; sa gangue est du calcaire et de la silice.

La température de ce groupe varie de 32 à 65° C.; la sulfuration est énergique chez les unes, inappréciable chez les autres; celles-ci conservent l'arrière goût salin, et la réaction alcaline à un moindre degré.

La source l'Exalada, n° 6, est la principale par son volume; ses vapeurs la font reconnaître au loin; et c'est à leur manifestation presque continuelle, qu'il faut attribuer ce nom d'Exalada, déjà donné au commencement du IXe siècle au monastère de Saint-André.

Elle réunit trois jets distincts, trop rapprochés pour leur donner une appellation particulière. Ces jets varient entr'eux par le volume, par la température, qui va de 56 à 62°, par la composition qui est sulfureuse prononcée et peu sulfureuse.

La source du bain d'En et la source Supérieure d'En (n°s 7 et 7 bis), réunissent plusieurs jets, qu'il a fallu séparer, à cause d'une trop grande différence de propriétés. La première est sulfureuse avec une température de 61° C.; la seconde jaillit à deux mètres au-dessus, mais sans sulfuration, et est à 32° C. de température. Le point d'émergence du bain d'En est très rapproché de la roche nue, non altérée; tandis que la source Supérieure d'En, s'échappe d'un terrain meuble. Cette dernière provient évidemment d'un point plus élevé de quinze mètres, reconnaissable à la verdeur des plantes qui recouvrent le sol. Selon la destination de cette source 7 bis, il suffira de la prendre à quelques mètres au-dessus pour l'obtenir sulfureuse et plus chaude.

Les habitants d'En ont toujours employé en bain, plus

ou moins tempéré, le mélange de ces eaux dans des bassins à ciel ouvert, d'où le nom de source du Bain d'En. La source la plus haute a donné de beaux résultats en boisson.

Les sources Carrère, Anglada, Mailly (noms historiques dans le Roussillon), du Sentier, complètent ce groupe de l'Exalada, au sommet d'une concavité, à l'abri des vents dominants dans la contrée. Leur position est également favorable, par leur facile aménagement et la faculté de les conduire, à très peu de frais, sur une grande surface de terrain, pour être utilisées conjointement avec les sources du groupe Saint-André.

Les indications du tableau, font apprécier les différences actuelles.

Groupe des Sources de la Cascade.

A la séparation du territoire d'En d'avec le territoire de Thuès, se trouve une forte cascade de trente mètres de hauteur perpendiculaire, débouchant sur la route nationale. Le ravin d'où elle s'écoule est appelé ravin de la Cascade, gorge de la Cascade, torrent *Réal*. Plusieurs puits en ressauts ou gouffres, existant précédemment le long de cette cascade, ont disparu par la construction de la nouvelle route, élevée de dix mètres au-dessus du lit de la rivière. Le plus profond de ces puits avait sept mètres (Anglada, page 359). L'eau passe sous la route pour se réunir à la rivière : on la dévie habituellement, en totalité ou en partie, sur le terrain thermal, en la prenant au sommet de la cascade ; on la dévie aussi bien, plus haut, sur ce même terrain.

Les faces de la gorge sont rapprochées, et se maintiennent droites ou fort peu inclinées, à une grande hauteur. Si l'on voulait remonter en suivant le cours de l'eau, on serait arrêté par plusieurs autres cascades, qu'on ne peut apercevoir de la route, et qui doivent faire donner à cette gorge le nom de gorge des cascades.

Les sources sulfureuses sont sur la partie de la montagne à droite du lit du ravin; leur hauteur est très variable, par rapport au lit du ravin et à celui de la rivière. Cette différence va jusqu'à cent mètres, par rapport à la rivière. De l'Exalada, on arrive aux sources de la Cascade, à travers des plantations de châtaigniers, terminées par un bois de chênes avec un assez grand nombre de plateaux cultivés en amphithéâtre, dominant la route des Graus à Thuès, faisant face à cette montagne de Canaveilles, si abrupte, si traversée par des filons métallifères.

Carrère n'a pas parlé de ces sources; Anglada en a donné la première indication. Il les considère comme l'un des plus beaux ateliers d'eaux thermales des Pyrénées (page 343). Jusqu'à ces derniers temps, ces sources étaient périlleusement abordables, et en partie complètement inconnues, excepté à quelques bergers de la localité. Maintenant on arrive presque sur toutes aussi facilement qu'aux sources de l'Exalada. Depuis lors, il a été possible de les distinguer les unes des autres; et de plus, on peut suivre et admirer, sur une assez longue étendue, cette gorge de la Cascade dont la vue doit également inspirer l'âme du poëte, comme le génie du dessinateur.

Anglada attribue à l'une d'elles une température de $75°,312$ C; il est vrai, dit-il, qu'à côté il y en a une autre à $78°,125$. La description des lieux, fort difficile à préciser, lors de l'exploration qui eut lieu en 1820, me fait supposer que les deux indications se rapportent à deux jets, confondus sous le nom de source de la Cascade (n° 14), réunissant encore d'autres jets rapprochés. Voici ce que dit Anglada, sur l'ensemble de ces sources qu'il a pu reconnaître (page 360) : « Lorsque je parcourus ces
« lieux, je pus me convaincre que les sources sulfureuses
« qui surgissent dans le voisinage, le long de cette gorge,
« contribuaient, pour une bonne part, à fournir les eaux

« de la Cascade, tant elles sont abondantes. (Page 342.)
« Le long des bords du torrent *Réal,* je pus compter jus-
« qu'à onze sources thermales sulfureuses, la plupart d'une
« température très élevée, et je n'ai pas le droit d'assurer
« que leur nombre n'aille pas au-delà. » C'est en parlant
de cette position, que M. Roux fait observer que des filets
d'eau sulfureuse jaillissent de tout côté, et qu'à l'aide de
quelques fouilles, on y trouverait énormément d'eau.

Source de la Cascade (n° 14). Placée un peu au-dessus
d'un ancien sentier de montagne, qui conduisait d'En à
Thuès, elle était assez généralement connue des habitants
de ces localités; aussi fut-elle indiquée à Anglada. Elle
s'échappe d'un roc en saillie dans le ravin, à une hauteur
de quinze à vingt mètres. Son embouchure principale
était obstruée par des blocs de pierre, dont les interstices étaient garnis d'efflorescences alunifères. Anglada lui
avait reconnu 78°,125 C. J'avais trouvé 78° en 1850,
ainsi que je l'ai indiqué dans le travail remis à l'Académie de médecine. Depuis lors, l'embouchure de la source
a été déblayée des blocs de pierre qui l'obstruaient; elle
est maintenant parfaitement libre, sans mélange avec les
eaux étrangères. En opérant à plusieurs reprises avec le
thermomètre étalon remis par la commission des eaux
minérales, la température reste fixée à 78° C. C'est avec
cette source qu'on peut reconnaître l'invariabilité de température des sources fortement thermales, à l'abri des filtrations accidentelles. De même qu'elle est le type de
celles de ce groupe, de même elle est la plus remarquable, entre les eaux sulfureuses alcalines connues, par la
supériorité de sa chaleur.

La détermination de sa température, à un ou deux
dixièmes de degré près, est difficile, pénible, à cause de la
haute thermalité de l'eau et des bouffées de vapeur brû-
lante qui s'échappent continuellement de l'ouverture de
la source.

A quatre mètres au-dessus, un second jet marque 50° C.,

à cause du mélange avec des eaux moins chaudes coulant superficiellement. Au-dessous de la saillie du roc, d'où sort l'eau à 78°, il s'échappe, par toutes les fissures, une masse considérable d'eau thermale, que l'on ne découvre qu'en se plaçant dans le ravin.

Ces jets réunis, sous le nom de source de la Cascade, fournissent, par une évaluation approximative, deux cent vingt litres à la minute. On peut les réunir et les conduire sur tout le terrain thermal, inférieur à leur niveau de sortie.

Les caractères physiques et chimiques de l'eau de la source de la Cascade, marquant 78° C., sont ceux de l'eau Saint-André; le degré au sulfydromètre est de 160. Elle a donné, par la précipitation, un sulfure qui représente 0,0301 sulfure de sodium, et sa proportion de silice est de 0,164. Voici sa composition :

Oxigène, ⎱
Azote, ⎰ volume non déterminé.

Sulfure de sodium	0,03010
Silice	0,16400
Carbonate de soude	0,03842
Potasse	0,00940
Soude	0,03841
Sulfate de soude	0,06200
Chlorure de sodium	0,03200
Chaux	0,00733
Alumine, Magnésie, Fer, Iode, proportions trop minimes pour être déterminées isolément, évaluées à	0.042
Composé azoté	0,03600
	0,45966

La roche d'où s'échappe l'eau de la Cascade, est un quartz feld-spathique à cassure terne, cireuse. Les blocs détachés qui précédemment en couvraient l'embouchure, présentaient, entre leurs interstices, des efflorescences abondantes passant de la couleur blanche à la teinte jaune; quelquefois, la pierre était couverte par de la silice blanche concrétionnée. Les efflorescences étaient alunifères; la colorisation était due à du fer, successivement éliminé jusqu'à arriver à un alun blanc. Dans celui-ci, il restait des traces de sulfate de chaux et de magnésie. Il a suffi de dissoudre les efflorescences blanches dans l'eau, filtrer et concentrer, pour obtenir des cristaux d'alun de potasse et d'alumine. Ces efflorescences se présentent là où les vapeurs peuvent réagir lentement et avec le concours de l'air sur la pierre nue. L'action des eaux au-dessus de 60 à 65° de température, produit aussi une séparation d'oxide rouge de fer, qui explique la présence sensible de cet oxide dans les résidus d'évaporation. Nous avons trouvé des portions de roche, transformées en argile rougeâtre, par la seule action de l'eau thermale.

Les efflorescences alunifères sont communes aux alentours des sources sulfureuses, parce qu'il s'y produit un dégagement continu d'hydrogène-sulfuré, provenant de la décomposition du sulfure de sodium par l'air et la chaleur. Un effet entièrement identique, se manifeste avec une dissolution de sulfure dans l'eau distillée.

Un fait digne de remarque, servant à démontrer que la même eau donne des efflorescences sulfatées par ses vapeurs, ou des dépôts de soufre selon que l'hydrogène sulfuré développé est plus ou moins complètement brûlé, se présente actuellement d'une manière continue à la source de la Cascade. A la sortie de son griffon, l'eau coule sur une longueur horizontale de deux mètres sans former de dépôt; elle tombe ensuite de deux et trois mètres de hauteur sur les pierres qui recouvrent le sol. En peu de temps, ces pierres jaunissent à la surface; elles se tapissent d'une couche de soufre, pouvant à bon droit faire appeler la source de la Cascade, source de soufre. Pour déterminer cette séparation de soufre, il convient que l'eau tombe en petite cascade ; elle s'aère, et l'hydrogène sulfuré produit, dès que le sulfure de sodium subit l'action de l'air, se brûle imparfaitement en abandonnant du soufre. Un résultat semblable se manifeste en enflammant de l'hydrogène sulfuré dans une éprouvette. L'hydrogène brûle, le soufre se dépose. A la même cause, il faut quelquefois rapporter le *louchissement* des eaux sulfureuses dans les réservoirs.

La face de la roche, en saillie dans le ravin, avec une hauteur de quinze à vingt mètres, donne, par un grand nombre de fentes, de l'eau, comprise dans cette source de la Cascade, déterminant des productions assez remarquables. Il y a d'abord en abondance des dépôts glairineux rouges, verts, blancs, en masses pulpeuses épaisses, sans trace d'organisation ; il y en a aussi de filamenteux, classés parmi les produits organisés. Parmi les dépôts pulpeux, ressemblant assez à de la colle gonflée dans l'eau, adhérents aux pierres sur le sol, se trouvent des portions jaunâtres : c'est du soufre. Si, par une cause quelconque, l'eau cesse de couler sur les surfaces couvertes de dépôts glairineux, ceux-ci se dessèchent, et il reste une couche blanche, se détachant par plaques, ressemblant à du carton mince, dont la silice constitue la presque totalité.

Les fentes de la roche, donnent toutes sortes d'efflorescences sulfatées, depuis le sulfate de soude jusqu'aux aluns de fer, d'alumine et de potasse. Dans les fentes les plus larges, il y a des formations stalactiformes de silice, en masses soyeuses, parfaitement blanches, avec des cristaux de cristal de roche, visibles à la loupe et même à l'œil nu. A côté de cette silice blanche, il y a des stalactites de silice fusiforme, colorée en brun par le manganèse. Là, où des eaux moins chaudes, ou sans sulfuration viennent se mélanger aux eaux sulfureuses provenant de ces fentes, la silice a une couleur verte très intense. Enfin, il n'est peut-être pas de lieu, où l'on apprécie avec plus d'évidence l'action énergique des eaux thermales sulfureuses, sur les roches soumises à leur influence et surtout leur action dissolvante sur l'élément siliceux.

Sources du ravin de la Cascade (n° 14 bis). On réunit sous ce nom les sources en remontant le ravin de la Cascade, bien au-dessus de la source de la Cascade (n° 14). La construction d'un canal, pour prendre de l'eau froide au ravin, à quatre cents mètres de la rivière, et à une différence de niveau d'environ cent mètres, a seule permis d'arriver assez facilement sur ces sources et de les reconnaître. Peu après la prise d'eau du canal, se trouve une dernière cascade, appelée cascade *del Sola de las Figueras,* haute, large, dont les eaux tombent dans un gouffre. Entre la cascade et le commencement du canal, sur la rive droite, il y a une source d'eau fraîche, pure, potable. Au-delà, toujours sur la même rive, il n'y a plus de sources thermales, et le terrain aquifère se termine par une roche, sous forme de muraille perpendiculaire très élevée. Nous ne saurions assez recommander la visite de ces lieux, encore vierges d'exploration, aux géologues, aux naturalistes, à ceux qui veulent admirer la nature dans ses grandes créations.

Dans la source du ravin de la Cascade, sont comprises trois sources principales :

A.—Source Saint-Michel [1]. A quatre mètres au-dessus de l'embranchement du canal au ravin, naît une source sulfureuse, coulant encore sous des débris pierreux. Sa température est à 65° C., et le degré sulfhydrométrique à 110. La température et la sulfuration s'élèveront sensiblement, dès que l'embouchure de cette source sera déblayée. Son volume sera probablement assez fort pour alimenter le canal. A cette grande hauteur, elle est l'équivalent de la source Saint-André.

B.—Source des *Figueras.* A trente mètres en descen-

---

[1] Saint-Michel de Cuxa succéda à Saint-André de l'Exalada, à la fin du IX° siècle.

dant le ravin, il sort, à une hauteur de six mètres, d'un roc à face perpendiculaire, un jet considérable d'eau sulfureuse à 75° C. et à 140° sulfhydrométrique.

C.—Source du Torrent *Réal*. Enfin, en suivant toujours le torrent et sur ses bords, peu avant une cascade qui précède le dessous de la source de la Cascade, il y a une autre sulfureuse, puissante en volume, chaude à 70°, à 125° sulfhydrométriques.

Ces trois sources sont les analogues de Saint-André et de la Cascade.

D'autre part, depuis le point par où l'on pénètre aisément dans le ravin, au moyen d'une ouverture pratiquée dans le roc, pour donner passage à l'eau du canal, jusqu'à la source Saint-Michel, l'eau suinte sur presque toute cette surface, à partir du lit du canal jusqu'à plusieurs mètres de hauteur. Les suintements sont plus abondants vers l'ouverture pratiquée dans le roc; en divers points, ils forment des sources dont nous ne tenons maintenant aucun compte, dont les eaux se mêlent à celles du canal. Selon les besoins, toutes ces sources peuvent recevoir des applications particulières.

Source du Rocher (n° 15). A vingt et trente mètres au-dessous de la source de la Cascade, l'eau suinte sur une assez large surface, depuis le lit du ravin jusqu'à un rocher qui précède la cascade sur la route nationale. Avec peu de travail, on réunira ces jets isolés en un seul, destiné au service des bains ou à des buvettes assez éloignées pour devenir un but de promenade.

Sources Saint-Etienne, de *las Ayguas calentas,* du Bosquet, du Chêne, de la Cîme. Au-dessus de la source de la Cascade, jusqu'à un niveau supérieur de trente à quarante mètres, on rencontre successivement ces diverses sources. Le fendillement de la roche et la végétation qui la couvre, sont la cause du mélange de leurs eaux, avec celles coulant superficiellement, qui abaissent la température, modifient la composition. Placées dans le bois en avant du ravin et de la source de la Cascade, elles dominent le terrain thermal. Une partie s'écoule vers les terrains inférieurs pour les arroser; l'autre partie tombe dans le ravin.

Sources de la Route, buvette des Voyageurs, n° 20. Du pont sur la Tet à la cascade, la roche a été taillée à pic, pour l'établissement de la route. La face mise à nu, laisse presque partout suinter l'eau sulfureuse; plusieurs de ces filets servent de buvettes pour les voyageurs. Cette face est un bel exemple de terrain thermal sulfureux, ayant pour caractère les dépôts glairineux blancs, blanc-gris, jaune-rougeâtre, verts, suivant les températures ou l'altération des eaux. Les écoulements sulfureux, sans mélange d'eaux froides, ont une saveur hépatique alcaline, une température de 36 à 38° C., et ils titrent 76° au sulfhydromètre.

Buvette du pont et source de l'aqueduc. Au-dessous de la route, entre le pont et le ravin, il y a deux sources, qu'on n'a pu encore déblayer, parce qu'elles sont sous un énorme tas de pierres devant servir aux constructions. L'une de ces sources sort de la roche, à côté de la pile du pont; elle est analogue aux eaux des buvettes des voyageurs. La seconde source paraît actuellement à deux mètres du bord de la rivière; elle forme un écoulement qui sera assez abondant, lorsqu'on pourra le rencontrer à sa sortie du roc, sous la route. Nous ne pouvons rien préciser pour ces deux sources, en volume, température, composition, jusqu'après l'enlèvement des déblais qui les recouvrent. On pourra les employer, sur place, en boisson, ou les conduire à la position de la source Saint-André, au moyen de tuyaux, passant dans l'aqueduc qui traverse la pile du pont.

Observations générales.

Le terrain thermal des Graus d'Olette, comprenant les sources sur la rive droite de la Tet, depuis les Graus jusqu'au ravin de la Cascade, et celles de la rive droite de ce ravin, présente, sur une surface de douze à quinze hectares, plus de trente sources distinctes, non compris les suintements et les faibles écoulements.

Ces sources se font remarquer :

1º Par leur nombre ;

2º Par leur volume, moyennement évalué à dix-sept cent soixante-douze mètres cubes par vingt-quatre heures, suivant le procès-verbal de jaugeage, ne comprenant que les sources découvertes à l'époque de l'opération ;

3º Par une température de 30 à 78º C., et celle-ci est la plus élevée parmi celle des sources sulfureuses alcalines connues ;

4º Par leur caractère plus ou moins sulfureux, et la non sulfuration qui permet d'en multiplier les applications. Cette modification, dans leur nature, réunit, aux Graus d'Olette, les analogues des sources thermales les plus estimées ;

5º Par des différences de niveau de plus de quatre-vingt mètres, avec faculté de réunir toutes les eaux sur un même point ;

6º Par l'avantage d'avoir de l'eau froide partout à côté de l'eau chaude, de manière à pouvoir varier à l'infini les applications, et produire ainsi ce qui, peut-être nulle part, n'a pu être réalisé en hydrologie médicale. On conçoit qu'avec des masses, des niveaux et des moyens semblables, on puisse dire : *les résultats seront incomparables et inconnus, en étuves, douches, piscines*, etc. ;

7º Par des propriétés curatives, constatées par tradition, par les habitants de la contrée, par des observations récentes, exactement recueillies par un médecin expérimenté, et publiées à la suite de cette notice.

M. Donné (*Journal des Débats*, septembre 1851) termine une série d'articles sur les établissements thermaux de France, par des observations générales, auxquelles nous empruntons encore la citation suivante : « J'aime « les établissements où l'on trouve une surabondance « d'eau qui détourne de toute idée de fraude et de parci- « monie; j'aime une température assez élevée pour dis- « penser de tout moyen de chauffage; et quand l'eau « m'arrive, en outre, par sa pente naturelle et sans inter- « ruption, c'est la perfection. Peu d'établissements réu- « nissent toutes ces conditions à la fois. »

Aux Graus d'Olette, ces conditions de masses, de thermalité, de pentes naturelles se rencontrent à un puissant degré. Sous ce rapport, peu de localités sont plus favorables à la création de piscines sur une vaste échelle, à eau courante et profonde à volonté, si préconisées actuellement par les médecins qui se sont le plus occupés des effets thérapeutiques des eaux thermales. M. Patissier, secrétaire de la commission des eaux minérales de l'Académie nationale de médecine, a fait ressortir, dans son rapport de 1850, les avantages des piscines sur les autres modes de bains; il fait observer que les bains dans des piscines développent les forces motrices, donnent plus d'activité au système sanguin; ils sont utiles aux enfants débiles, aux jeunes filles, et dans tous les cas où il est nécessaire de fortifier la constitution. Il est certain, ajoute ce savant médecin, que, pour les sujets faibles, exténués, pour les femmes, les enfants, les vieillards, le bain minéral à eau courante, est préférable au bain de mer. On n'a pas à redouter le défaut de réaction qui, chaque année, produit tant d'accidents dans les thermes maritimes.

Les eaux d'Olette sont heureusement situées sur une magnifique route nationale, mettant en communication la France avec l'Espagne par Puycerda, reliant le val d'Andorre, l'Ariége au département des Pyrénées-Orientales, où l'on arrive directement par les grandes voies de Toulouse, Lyon, Montpellier et ses ports sur la Méditerranée.

De Perpignan aux sources, on traverse quatorze communes, voisines de la Tet, dont les eaux, ramifiées sur presque toute la surface de la vallée, contribuent à la fécondité du sol.

Perpignan, placé au centre de la plaine du Roussillon, jouit du climat le plus chaud de la France, tempéré, en été, par les vents de la Méditerranée. La moyenne de ses températures *maxima* est 30°; la moyenne *minima* est 0°. Les hivers s'y passent assez souvent sans neige ni glace; enfin, la température moyenne est 15°. Cette température et l'irrigation, c'est-à-dire le soleil et l'eau, rendent le marché de Perpignan le plus abondant en fruits, légumes, primeurs, d'où ils sont exportés, hiver comme été, par la malle, les diligences, le roulage, sur toutes les directions de la France. Avec l'excessive abondance, il y a la modicité du prix. Que les chemins de fer arrivent à portée du Roussillon, celui-ci ne sera qu'un jardin auquel il sera difficile de faire concurrence, pour produire des melons sous des cloches ou des fruits dans des serres.

La douceur du climat de la plaine du Roussillon, maintenue par un soleil rarement obscurci par les nuages, même en plein hiver, s'étend dans la montagne sur des portions assez élevées, pourvu qu'on se place au lit des vallées abritées des vents. Souvent, en hiver, la neige se présente sur les sommets environnants; malgré cela, le soleil est si brillant que la température ne descend qu'accidentellement à zéro et au-dessous. De tout temps, la généralité des thermes des Pyrénées-Orientales a été fréquentée depuis mai jusqu'en novembre. Les améliorations déjà obtenues, particulièrement à Amélie-les-Bains et à Vernet, y ont fait disparaître ce qu'on appelle la saison des eaux: les baigneurs y affluent les douze mois de l'année. L'administration de la guerre a tellement apprécié une position aussi favorable, qu'elle y a fait construire des thermes, dans des proportions assez vastes pour recevoir trois cent soixante-quinze soldats, cent vingt-cinq officiers et une administration proportionnelle.

Aux Graus, les eaux, les montagnes, les cascades sont majestueuses, imposantes. Leur abord a beaucoup perdu de sa sévérité, depuis la création de la route carrossable qui en a surmonté les difficultés; depuis lors aussi disparaissent successivement ces nombreuses compagnies de muletiers, opérant tous les transports et donnant une vie particulière aux lieux qu'ils parcouraient en maîtres.

Des Graus, on peut rayonner en trouvant partout des buts divers d'excursion. Par la diligence, les relais de poste d'Olette, les voitures particulières, on monte la vallée; et, à seize kilomètres, à un niveau plus élevé de 825 mètres, on arrive à la citadelle de Mont-Louis, dernière position militaire des Pyrénées, construite par Vauban. Mont-Louis est le point de communication entre la Cerdagne et le Capcir, plateaux bien dignes d'être visités à cause de leurs nombreux villages et de leurs populations ayant jusqu'à présent conservé des mœurs et des costumes particuliers. De Mont-Louis au Capcir, on traverse le bois de *La Matte* et autres forêts de pins si majestueuses par leur étendue et la beauté de leurs arbres. La Cerdagne française occupe partie du même bassin que la Cerdagne espagnole; au milieu s'élève la ville de Puycerda, en communication directe avec Barcelonne, par Vich. La voie carrossable de Barcelonne à Puycerda, se pousse avec activité; dès qu'elle sera terminée, on pourra aller de Perpignan à Barcelonne, en traversant Puycerda, comme on y va maintenant par la route de Figueras. A une lieue de Mont-Louis, se trouve le fameux ermitage de Font-Romeu; à une demi-lieue, est la chapelle de Planès, considérée, par les uns, comme une ancienne mosquée, par d'autres, comme un emblême de la Sainte-Trinité, à cause de ses constructions, se rapportant toutes au triangle. A Thuès, débouche la gorge de Carança, réputée pour ses étangs et ses mines ; si l'on descend la vallée, on peut visiter Villefranche, Fuilla et leurs immenses grottes ; Sahorre, ses forges et ses mines, les thermes de Vernet et de Molitg ; Nohèdes, ses étangs et ses bois séculaires. Ces excursions exigent un jour, deux jours. Enfin, sur place, comme but de promenade, on a le bois, les cascades, les sites divers du terrain des thermes, les mines de Canaveilles, la route traversant les Graus : citons aussi la rivière de la Tet, où l'on prend la truite au filet et à la ligne.

Nous terminerons en indiquant les dispositions qui nous ont paru le mieux s'approprier au bon emploi des sources des Graus. En premier lieu, il convient de construire les thermes avec logements attenants, sur le point de la source de natation et de la prairie, en se dirigeant vers la source Saint-Louis. Là, seraient utilisées les sources des groupes Saint-André et de l'Exalada, fournissant plus de mille mètres cubes d'eau par jour.

Ces thermes réuniraient, à un bassin de natation de trente mètres de long sur vingt de large, des piscines, des vapeurs, des douches, plus une galerie de trente à quarante baignoires, avec des appartements pour l'inhalation. Au bassin de natation, ayant une hauteur d'eau depuis cinquante centimètres jusqu'au-delà d'un mètre, renouvelée par un courant continu de trois à quatre cents litres à la minute, serait attaché un maître de natation et de gymnastique.

Au reste, la position des sources et leur abondance, permettent d'établir dans le bain de natation, comme dans les piscines, les baignoires, des douches continues ascendantes, descendantes, froides, chaudes, sulfureuses, non sulfureuses. L'eau des baignoires doit aussi être continuellement renouvelée. Si l'on jugeait que ce fût nécessaire, des baignoires pourraient être placées aux divers étages des logements. Dès que ces thermes seront terminés, et aussitôt que leur insuffisance sera reconnue, ce qui doit avoir lieu dans un temps plus ou moins rapproché, il s'agira d'en construire sur un autre emplacement. Il conviendrait alors de les placer au-dessus de la route d'arrivée passant entre les sources Saint-André et Saint-Victor. Ces thermes, avec galeries se dirigeant vers le ravin de la Cascade, seraient desservis par les sources du groupe de ce nom. Avec ces dispositions, plus de mille personnes pourraient journellement se baigner ou se doucher à eau courante. Une seule chose serait probablement trop exiguë : ce seraient les logements ; je conseillerais, dans cette occurrence, de ne pas continuer à bâtir sur de grandes proportions, mais de construire de petites maisons avec baignoires pour une ou deux familles, sur des emplacements déterminés d'après un plan arrêté. Ces logements isolés, où l'on jouirait de la vie intérieure, seraient préférés par beaucoup de personnes à l'habitation dans les thermes, où les réunions sont toujours nombreuses. Enfin, un système de caléfaction des appartements, par l'eau chaude circulant dans des tuyaux métalliques, est facile à organiser, ces eaux pouvant être amenées sur les toitures, comme au réz-de-chaussée. En été, les habitations vers la cascade auraient toujours de la fraîcheur ; durant les temps moins chauds, l'autre partie des thermes serait préférable.

Une circonstance exceptionnelle, qui diminue de beaucoup les frais des grosses constructions, telles que bâtisses, quai le long de la rivière, route partant de la route nationale, etc., c'est que sur place se trouvent les pierres ; aux Graus, on fabrique la chaux, et les forêts voisines fournissent les poutres, soliveaux, planches.

Lorsque les thermes des Graus d'Olette seront complétés, il serait malheureux qu'on ne pût pas dire : là, on est arrivé aussi près que possible de la perfection ; ce serait alors la preuve qu'on n'aurait pas su y utiliser cette réunion de circonstances favorables accordées si libéralement par la Providence à cette localité.

La description des sources d'Olette suffirait, à elle seule, pour apprécier leur importance comme produit naturel, et leurs applications variées comme agent médical. Il a néanmoins été convenable, pour compléter les conditions exigées à leur classement au premier rang parmi les eaux minérales connues et employées, de joindre à leur signalement, des observations précises sur leurs effets thérapeutiques. Il y avait, comme fait expérimental, les résultats réalisés de tout temps par les habitants de la localité; ils n'ont pas paru assez concluants, même en y joignant l'analogie de composition de ces sources, avec celles de même origine ou de même nature si abondantes dans les Pyrénées. On s'occupa, dès lors, d'arriver, par une expérience directe, à l'appréciation de leurs principales propriétés. Dans une bâtisse construite *ad hoc,* on forma deux cabinets, ayant chacun une baignoire avec douche, alimentées continuellement par l'eau Saint-Louis, ainsi que cela a été déjà rapporté. En août 1851, cette construction fut terminée et immédiatement mise à la disposition gratuite des malades, sous la surveillance de M. le médecin Puig, auquel nous ne saurions trop témoigner notre reconnaissance, pour la bonne direction imprimée dès le premier jour à l'emploi des eaux.

Les malades les moins favorisés par la fortune et réputés pour la plupart incurables, sont arrivés les premiers : les résultats furent si extraordinaires et si inattendus (excepté pour les gens du pays), que les malades plus fortunés arrivèrent promptement. Aussi, du mois d'août au mois d'octobre, M. Puig a réalisé de nombreuses observations, dont il publie les principales. On ne peut pas dire que, dans cette circonstance, le confortable ait concouru aux guérisons ; bien au contraire, la foi dans ces eaux était nécessaire pour persévérer dans leur usage. Presque pas d'abri : on se logeait à Thuès, à Olette, d'où on arrivait à pied, à cheval, en voiture ; et malgré toutes ces causes fâcheuses, pas une personne, riche ou pauvre, qui n'attende le renouvellement de la belle saison, pour revenir consolider les cures commencées et même complétées. Que ne doit-on pas espérer, lorsque ces eaux d'Olette seront utilisées avec toutes les conditions accessoires de réussite !

OBSERVATIONS MÉDICALES,

PAR M. PUIG.

AFFECTIONS RHUMATISMALES.

1re Observation. — Rhumatisme suivi d'infiltration aux membres abdominaux : Bains et douches : Guérison.

Le sieur P*** M***, de Fontpédrouse, est âgé de 34 ans. Tempérament sanguin, santé vigoureuse qui se maintient telle jusqu'en 1846. Dans le courant de cette année, P*** M*** va en Afrique. Pendant un grand nombre de jours, il a beaucoup à souffrir du froid et de l'humidité, obligé qu'il est, presque constamment, de passer ses nuits, couché sur un sol trempé de pluies. Il tombe malade, atteint d'un affaiblissement profond qu'il *traite* par l'eau-de-vie bue en abondance. Il rentre en France dans un état d'œdématie complète. On le soumet à l'usage des bains sulfureux qui font disparaître l'hydropisie du tissu cellulaire. Il se porte bien jusqu'en juin 1851, époque à laquelle l'enflure reparaît sur les extrémités inférieures, pour gagner successivement jusqu'au tronc. Il se rend alors aux bains des Graus d'Olette. Au moment où je le vois pour la première fois, c'est à peine s'il peut se tenir sur ses jambes ; l'hydropisie du tissu cellulaire s'oppose aux mouvements de flexion des articulations des membres inférieurs; celle du coude-pied surtout est dans un état de tension extrême. — En vue de la cause première de la maladie, je conseille un bain général à la source n° 3, une douche à la même source, reçue sur les deux pieds pendant une heure, et trois verres de la même eau en boisson. Les jours suivants, il continue le même traitement, en ajoutant à sa boisson un verre de plus chaque jour. L'usage de l'eau n° 3, ainsi utilisée à l'extérieur et à l'intérieur, amène bientôt une diurèse abondante. Au bout du quatrième jour, l'enflure a sensiblement diminué; elle a complètement abandonné la partie supérieure des deux membres abdominaux, pour se réfugier presque en entier sur les pieds, d'où elle disparaît bientôt en entier, par l'emploi des mêmes moyens continués pendant douze jours.

L'eau de la source n° 3 a aussi contribué à la cicatrisation d'une plaie placée sur le pied droit du sieur P*** M***. Elle a surtout exercé sur sa vue une action remarquable dont j'aurai l'occasion de parler plus tard. Enfin, elle a fait disparaître un tremblement général dont ce malade était atteint, tremblement parvenu à un tel degré qu'il lui était impossible de garder, dans sa main, un objet quelconque pendant quelques secondes. A mon avis, ce tremblement était dû surtout à l'usage abusif des liqueurs alcooliques : c'était un véritable *delirium tremens*, commençant.

2e Observation. — Rhumatisme à l'épaule droite;
Douches: Guérison.

A*** F***, d'Oreilla, propriétaire, âgé de 40 ans, se plaint d'une douleur à l'épaule droite, qui l'empêche de lever le bras sur la tête, et même de se livrer à aucune espèce d'exercice. Comme l'affection paraît complètement localisée sur l'épaule malade, je conseille l'usage de la douche *loco dolenti*. Le 12 août 1851, il en commence l'usage à la source n° 3. Il la prend tous les jours, pendant une heure, jusqu'au 17 du même mois. A cette époque, la douleur abandonne l'épaule, pour se fixer sur le coude. Quatre douches successives, reçues sur cette dernière partie, la font disparaître d'une manière complète. Désormais, ses mouvements sont devenus libres et naturels. Depuis lors, j'ai vu F***, un bien grand nombre de fois, se livrer au pénible exercice de sa profession ; il m'a assuré n'avoir plus rien ressenti.

5ᵉ Observation. — Rhumatisme nerveux général ; Bains :
Grande amélioration.

R*** B***, de Thuès, femme déjà âgée de 65 ans, vieillie par les labeurs et par les chagrins, plus encore que par l'âge, a souffert, pendant long-temps, de douleurs rhumatismales, dont l'intensité était extrême. Depuis que l'âge critique est venu ajouter sa funeste influence aux douleurs premières, la vie, pour R***, est devenue plus que jamais un fardeau presque insupportable. Elle voit s'écouler le mois d'août 1851 dans les tourments et dans les larmes. Elle éprouve des douleurs térébrantes dans les bras, le long de la colonne vertébrale, dans les membres inférieurs, au point de ne pas pouvoir mettre un pied devant l'autre. Le caractère de ces douleurs est tel, qu'il me rappelle celles désignées sous le nom de douleurs *ostéocopes*. A part ces douleurs térébrantes, qui l'exaspèrent pendant la nuit, la malade en éprouve partout de vagues, d'erratiques, sans caractère déterminé, et que je crois devoir désigner sous le nom de *douleurs nerveuses*. Après l'avoir soumise à des moyens thérapeutiques variés, sans pouvoir amener le moindre soulagement, je lui conseille l'usage des bains. Je recommande d'utiliser la source n° 3, parce que, mieux qu'aucune autre, elle me paraît appropriée au genre d'affection de R*** B*** ; je la lui fais prendre en bains et en boisson. Le 8 septembre 1851, premier bain pris pendant demi heure, à cause de la faiblesse extrême de la malade, deux verres d'eau en boisson.

Le 10 septembre, deuxième bain, pris pendant trois quarts d'heure, quatre verres d'eau en boisson ; la veille elle en a bu trois verres. Je ne fais prendre qu'un bain tous les deux jours, à cause de la faiblesse dont j'ai déjà parlé.

Le 12 septembre, troisième bain pris pendant une heure, six verres d'eau. A partir de ce jour, elle continue à utiliser l'eau de la source n° 3, de la manière indiquée. Comme chez tous les autres malades, elle détermine chez R*** une diurèse abondante ; mais, résultat bien plus impatiemment attendu, elle amène la disparition presque complète de son malaise et de ses douleurs. Après douze bains, la femme B*** éprouve un tel soulagement, qu'il équivaut à une guérison presque complète. Depuis cette époque, les douleurs térébrantes, nocturnes, n'ont plus reparu, les douleurs vagues, erratiques, reviennent parfois ; mais R** B*** les trouve bien supportables, quand elle songe à tout ce qu'elle a souffert, d'autant plus qu'elles ne l'empêchent jamais de se livrer à ses occupations.

4ᵉ Observation. — Rhumatisme à la cuisse droite offrant, sous beaucoup de rapports, la forme d'une *coxalgie*; Bains et douches : Guérison.

La femme B***, d'En , âgée de 32 ans, lymphatique, sujette aux maux d'yeux, présentant en somme les attributs d'une constitution scrophuleuse, souffre, depuis long-temps, de douleurs vives dans toute la partie supérieure du membre abdominal du côté droit. La marche est gênée, la faiblesse de la cuisse très marquée ; la douleur, quoique étendue sur toute cette cuisse, se fait surtout sentir vers l'articulation coxo-fémorale, au niveau du grand trochanter. Cette dernière circonstance, ajoutée à la connaissance de la constitution de la femme B***, m'a fait penser, tout d'abord, que j'avais affaire à une coxalgie commençante, *développée sous l'influence d'une affection scrophuleuse*. Mais la malade m'a fait observer que ses douleurs lui étaient venues, après s'être exposée à des influences propres à amener l'affection rhumatismale. J'ai bien tenu compte de cette circonstance, et j'ai cru dès-lors avoir à traiter un rhumatisme de la cuisse droite, et une *coxalgie commençante*, développée sous la double influence d'une cause rhumatismale et scrophuleuse. J'ai voulu dès lors essayer l'usage de la source n° 3 en bains, douches et boisson.

J'ai donc prescrit des bains d'une heure par jour, des douches reçues directement au niveau de l'articulation coxo-fémorale, le premier jour, pendant 15 minutes ; le deuxième, pendant demi-heure, et ainsi de suite jusqu'à une heure par jour. — L'eau a été utilisée en boisson, d'abord à la dose de deux verres, puis de trois, de quatre et ainsi de suite jusqu'à huit verres dans les 24 heures. Ce traitement a duré depuis le 6 août jusqu'au 24 du même mois, sans interruption aucune, c'est-à-dire que la femme B*** a pris ainsi 18 bains et tout autant de douches. — Il a été suivi des plus heureux résultats. La douleur du membre malade a complètement disparu ; l'articulation est devenue souple dans chacun de ses mouvements ; la cuisse a repris de la force ; l'état général lui-même a changé ; la face s'est colorée sensiblement ; les forces digestives ont acquis de la vigueur ; enfin, résultat que j'aurai l'occasion de signaler pour une autre malade, une inflammation, — mais une inflammation chronique, qui siégeait sur le bord libre des paupières, — a presque complètement disparu. Depuis lors, j'ai vu plusieurs fois, la femme B***; elle est toujours dans l'état satisfaisant, amené chez elle par l'usage de l'eau de la source n° 3. A cette observation, je pourrais ajouter celle d'un homme de la Cerdagne, qui, atteint d'une tumeur blanche à l'articulation radio-carpienne de la main droite, tumeur blanche arrivée à la première période seulement, et que, par ces motifs, j'ai regardée comme parfaitement *curable* par l'administration de nos eaux. J'ai conseillé la douche sur la partie affectée. Le malade a eu la *grande constance* de venir pendant quatre jours. Ces quatre douches ont amené une amélioration réelle, puisque les mouvements des doigts, auparavant impossibles, sont devenus presque faciles. Depuis ce jour d'amélioration *bien constatée*, je n'ai plus revu ce *digne malade*. Il me porterait à croire qu'il y a des gens, qui aiment mieux garder leurs maux que de chercher à les guérir! Triste vérité que j'ai eu la douleur de constater plus d'une fois dans nos malheureuses contrées.

5e OBSERVATION. — Sciatique du côté gauche ayant résisté à toute espèce de traitement, et à l'emploi des eaux sulfureuses dans d'autres établissements; Bains et douches: Guérison presque complète.

M. D***, de Perpignan, âgé de 40 ans, d'un tempérament sanguin, d'une constitution vigoureuse, est atteint, depuis huit ans, d'une sciatique rebelle, qui l'a fait horriblement souffrir. — Dans sa jeunesse, il s'est beaucoup livré à l'exercice de la chasse; et, bien des fois, tout couvert de sueur, comptant peut-être un peu trop sur la vigueur de sa nature, il n'a pas craint de traverser des rivières et des marais. C'est à ces imprudences souvent répétées, qu'il croit, avec raison, devoir rapporter l'origine de sa maladie. La première année qu'elle s'est déclarée, il s'est rendu aux bains d'Arles. Les eaux de cet établissement offrent, on le sait, un degré de sulfuration assez énergique; aussi ont-elles produit tout d'abord sur M. D........ l'effet auquel on pouvait s'attendre, c'est-à-dire une excitation violente qui, dès les premiers jours, n'a fait qu'aggraver sa douleur. Mais, à la longue, cette excitation elle-même a fini par amener une sédation complète, au point qu'il a pu vivre tranquille pendant deux ans. Au bout de ce temps, réapparition de la maladie, emploi du même moyen. Calme pendant un an. Depuis lors, chaque année a été marquée par une rechute. Enfin, cette année-ci, ses souffrances se sont de beaucoup aggravées; ses douleurs sont devenues même tellement cruelles, qu'il a été forcé de passer un grand nombre de jours dans son lit, toujours couché sur le côté droit. Ce surcroît de douleur engagea son médecin, confrère très éclairé, à ordonner une application de sangsues *loco dolenti,* application suivie plus tard de celle d'un vésicatoire. Ce dernier fut posé à la partie inférieure et postérieure de la cuisse, point sur lequel la douleur paraissait surtout s'être concentrée, et pansé plus tard avec un sel de morphine. On en vint même aux fumigations de tabac qui amenèrent un peu de calme. Ce fut sur ces entrefaites, que M. D*** prit la résolution désespérée de venir utiliser nos eaux.

Voici l'état dans lequel je l'ai trouvé le 9 octobre, jour de son arrivée. M. D......., quoique d'une nature vigoureuse, je l'ai déjà dit, me paraît très impressionnable ; il est doué d'une susceptibilité nerveuse extrême, circonstance dont, pour le dire en passant, il n'a pas tenu lui-même assez de compte, quand, la première fois et les autres, il s'est rendu à d'autres bains. En ce moment, il ressent encore des douleurs violentes sur le trajet du nerf sciatique, et de toutes ses ramifications. Au-dessous du genou et à l'implantation supérieure des muscles du mollet, la plus légère pression lui fait pousser les hauts cris. A la partie postérieure de la cuisse et sur toute la longueur du muscle biceps, on constate un engorgement très douloureux aussi, au moindre contact ; des crampes violentes sur toute la longueur du membre, lui font éprouver d'horribles souffrances. Il ne peut pas se tenir sur ses jambes pendant une minute entière ; il est aussitôt obligé de s'asseoir ; et encore, pour garder cette dernière position, il est dans la nécessité de s'appuyer sur le côté droit. Les reins, le sacrum sont le siége de douleurs vives, comme électriques.

Eu égard à la susceptibilité de M. D......., en tenant compte surtout des renseignements précieux qu'il m'a fournis, sur l'effet produit sur lui par les eaux sulfureuses dont il a précédemment fait usage, je conseille, pour le moment, l'usage de la source n° 3 seule, en bains et en douches. Le 9 octobre, le malade prend un bain d'une heure et une douche de demi heure. Cette dernière est reçue successivement sur toutes les divisions du nerf sciatique, puis sur le tronc du nerf lui-même, enfin, sur le sacrum et sur les reins. Ce premier bain et cette première douche n'amenèrent aucune espèce d'excitation ; au contraire, pendant tout le reste de la journée, et pendant la nuit, M. D*** éprouva un calme parfait.

Les 10, 11, 12 et 13 octobre, même mode de traitement. Déjà, dès ce jour, nous avons obtenu des résultats remarquables. Le fourmillement, les crampes ont presque complètement disparu ; le malade se tourne mieux dans son lit ; le jeu de ses articulations est devenu facile ; il peut marcher pendant quelques minutes, soutenu sur un bâton ; l'engorgement noté sur la partie postérieure de la cuisse, a sensiblement diminué.

Le 14 octobre, je fais ajouter au bain ordinaire de la source n° 3, deux seaux de la source n° 1. Cette dernière addition me paraît permise, parce que le malade est déjà habitué à l'eau de la source n° 3. La douche est toujours fournie par cette dernière ; seulement, M. D*** continue l'usage de ces bains mitigés et des douches simples jusqu'au 17 octobre. A cette époque, l'amélioration obtenue est telle, qu'il peut marcher pendant près d'une heure de suite ; les crampes ont complètement disparu, l'engorgement de la cuisse a diminué de plus de la moitié. Malheureusement, un changement brusque de température survenu à la suite d'un peu de pluie, effraie notre malade, qui craint de perdre, par le refroidissement de l'atmosphère, le bien immense qu'il a gagné pendant ce peu de jours, et qui se décide à rentrer à Perpignan au plus tôt. Depuis lors, j'ai appris que son amélioration s'est soutenue, et qu'elle a fait même de notables progrès.

AFFECTIONS NERVEUSES.

1re Observation. — Maladies nerveuses générales.

La femme B***, de Mont-Louis, qui a déjà dépassé l'âge critique, est faible, et surtout douée d'un tempérament nerveux excessif. Naturellement très impressionnable, son système nerveux a pris chez elle une extension extrême par la perte de certains membres de sa famille, par des chagrins souvent *exagérés*. Elle a eu plusieurs attaques d'hystérie ; elle est sujette fréquemment à des ballonnements de la cavité abdominale, donnant lieu à un malaise, à des spasmes qui ne disparaissent que lorsque la femme a pu rendre par la bouche une quantité prodigieuse de vents. Elle éprouve des maux de tête d'une violence extrême, des vertiges, des tintements d'oreilles, des crampes violentes dans les membres et surtout à la plante des pieds. La femme B*** a déjà consulté, sur son état, un grand nombre de médecins ; elle a employé beaucoup de remèdes, le tout sans obtenir aucun résultat heureux.

Le 3 août, elle vient me trouver, et me fait part de ses souffrances, en disant que, pour elle, la mort serait préférable à la vie, si ces souffrances doivent toujours être ce qu'elles sont. Je cherche à la ramener de mon mieux, et je lui conseille, pendant son séjour à Olette, d'aller essayer de nos eaux. Elle accepte aussitôt ma proposition ; et, le lendemain, je lui fais prendre un bain d'une heure, à la source n° 3. De plus, je prescris la même eau en boisson, deux verres le premier jour, et d'aller en augmentant d'un tous les jours jusqu'à huit.

Ce traitement si simple, est continué avec persévérance pendant dix-huit jours consécutifs : il nous donne des résultats inespérés. Ainsi, la disparition complète des crampes dont j'ai parlé, la disparition des vertiges, du ballonnement des viscères abdominaux ; la cessation des maux de tête qui ne reviennent plus que par intervalles bien éloignés. Enfin, les digestions, auparavant laborieuses et difficiles, se font aussi bien que celles de l'homme le plus robuste. C'est dans cet état que part la femme *** ; depuis, je n'ai plus eu de ses nouvelles, mais tout me fait espérer que son amélioration se sera tout au moins maintenue.

2ᵉ Observation. — Maladie nerveuse générale.

La femme F***, d'Olette, 44 ans, organisation délicate, tempérament ardent, passionné, se trouvait à peu près dans le même cas que la femme B***. Chez elle, cependant, il n'y avait jamais eu d'attaque d'hystérie ; absence complète de ces ballonnements du bas-ventre, qui faisaient tant souffrir la première. Par contre, il y avait des crampes d'estomac violentes, mêmes maux de tête, mêmes vertiges, etc. Elle se soumet à l'usage de l'eau n° 3 en bains et en boisson. Au bout de douze jours, elle éprouve une amélioration telle qu'elle renonce à continuer pour le moment, mais bien décidée à recommencer si le mal recommence aussi.

3ᵉ Observation. — Maladie nerveuse générale.

Mᵐᵉ A*** de Perpignan, 52 ans, douée d'un embonpoint remarquable, mais extrêmement nerveuse, se portait à merveille, lorsque, il y a trois ans, elle resta, pendant plus d'une heure, sous l'influence d'une forte excitation cérébrale. Au sortir de la crise, affaissement général, mal de tête affreux. Depuis cette époque, Mme A*** a éprouvé des mouvements céphalalgiques tellement violents, que, plus d'une fois, elle a craint d'en devenir folle. Le mal de tête a persisté, non pas d'une manière continue. Elle l'a vu reparaître par intervalles rapprochés; et, chaque fois, avec une violence extrême, avec des battements affreux, battements tels, que, bien souvent, elle croyait que son crâne allait éclater. Elle parvenait à calmer un peu ces crises douloureuses par des applications d'eau sédative sur le cuir chevelu.

L'année dernière, Mme A*** se rendit aux thermes de Molitg, où elle éprouva beaucoup de soulagement. Depuis lors, ses attaques de céphalalgie sont devenues moins fréquentes, mais leur violence est encore la même.

Le 15 septembre, elle se rend à Olette pour faire usage de nos eaux. En raison des renseignements qui précèdent, je conseille la source n° 3; je conseille, en outre, la douche pendant vingt minutes sur le coude-pied gauche, qui, dans le temps, a été le siége d'une entorse. Cette articulation est même tellement douloureuse, que la douleur remontant jusqu'au genou correspondant, s'oppose à toute marche tant soit peu prolongée.

Le 22 septembre, après avoir pris sept bains et sept douches, Mme A*** ressent une amélioration bien sensible; son mal de tête n'a pas reparu; elle marche comme elle veut; elle visite, sans se fatiguer, toutes nos sources, et fournit ainsi, sans s'en apercevoir, une course de plus de trois heures. Mme A*** me fait observer de plus qu'avant de faire usage de ces eaux, elle éprouvait souvent dans les jambes et les pieds des crampes très violentes; ces crampes se déclaraient dès qu'elle gardait, pendant quelque temps, la même position, ou lorsque le soir elle laissait, exposés au contact de l'air, ses pieds hors des couvertures. Aujourd'hui, ces crampes ont complètement disparu; la malade peut s'exposer impunément aux causes qui auparavant les faisaient naître. Ce qui étonne et réjouit surtout Mme A***, c'est l'agilité, la souplesse de ses mouvements. Pour boisson, elle a utilisé l'eau de la Buvette, près du pont, qui, dès les premiers jours, a déterminé chez elle des effets purgatifs on ne peut plus marqués.

4ᵉ Observation. — *Maladie nerveuse générale.*

Mme D***, de Perpignan, 35 ans, tempérament sec, santé chancelante, est sujette aux maux de nerfs, aux vapeurs. Elle a éprouvé, sous ce rapport, des accidents d'une violence telle que, plus d'une fois, ils lui ont fait craindre la folie. Ce sont des maux de tête affreux, des vertiges sans nombre, des tremblements dans tout le corps et surtout dans les jambes, tremblements tels que chaque fois qu'elle les éprouve, elle se voit dans la nécessité de s'asseoir ou de se coucher. D'un autre côté, comme ces phénomènes s'accompagnent presque toujours des vertiges et du mal de tête déjà mentionnés, il lui arrive souvent de perdre connaissance pendant des heures entières. Elle ressent par intervalles très rapprochés, sur toute la longueur des muscles et des tendons, des secousses, des soubresauts comme électriques, qui rendent sa démarche chancelante. Ses oreilles sont le siége d'un tintement, d'un bourdonnement continuels : par rapport à cet organe, elle ne peut mieux comparer la sensation qu'elle éprouve, qu'à celle qui résulterait, pour chacun de nous, du passage d'une rivière coulant avec grand bruit près de nos oreilles. L'année dernière, elle a déjà fréquenté les thermes de Molitg pour cette cruelle indisposition ; elle en a retiré quelque bien.

En ce moment, mois de septembre 1851, je lui conseille d'essayer les eaux de la source n° 3 en boisson, mais surtout en bains ; j'y ajoute la boisson pour faire disparaître des crampes d'estomac violentes, développées sans doute sous l'influence de l'état général.

Mme D*** écoute mes conseils ; elle prend les bains, et boit de l'eau pendant neuf jours, sans interruption aucune. Au bout de ce court espace de temps, presque tous les phénomènes nerveux susmentionnés disparaissent. La malade reprend de l'embonpoint ; elle paraît désormais aguerrie contre l'influence de l'air extérieur qu'elle redoutait auparavant. Enfin, je ne crains pas de dire que Mme D***, en quittant nos thermes, se trouve complètement transformée. J'ai su depuis que l'amélioration immense qu'elle avait obtenue, s'est toujours maintenue ce qu'elle était au moment où elle nous a quitté.

MALADIES DES VOIES URINAIRES.

1re OBSERVATION. — Affection calculeuse.

M. S***, de Perpignan, homme de lettres, âgé de 53 ans, tempérament sanguin, jouissant d'ailleurs d'une bonne santé, se rend à Olette, dans le courant du mois de septembre, pour faire usage des eaux contre une affection calculeuse qui le fait souffrir depuis longues années. Il a séjourné auprès de nous pendant une huitaine de jours. Avant son départ, je l'ai prié de vouloir bien, quelque temps après son arrivée à Perpignan, me rédiger une note explicative des effets ressentis par lui, à la suite de l'usage de nos eaux. Voici ce qu'il a la bonté de m'écrire, à la date du 21 octobre :

« Selon vos désirs, je m'empresse de vous faire connaître les bons
« résultats que j'ai obtenus des eaux d'Olette.

« Quelques jours avant mon départ de Perpignan, j'avais essuyé
« une attaque de gravelle, accompagnée de douleurs atroces, de spas-
« mes, de vomissements; elle avait duré cinq mortelles heures. Le
« lendemain, j'avais expulsé quatre petits graviers. De cette attaque
« néphrétique, il m'était resté une douleur morte à la vessie. C'est
« alors que je me décidai à me rendre à Olette, et à essayer de ses
« eaux dont on m'avait dit beaucoup de bien.

« Après avoir bu, à deux jours d'intervalle, six verres de la source
« n° 3, la douleur de la vessie disparut, et je rentrai dans mon état
« normal.

« Je suis resté huit jours seulement aux eaux, et je n'ai qu'à me fé-
« liciter de cet essai.

« Après avoir bu une cinquantaine de verres d'eau, j'ai éprouvé
« les mêmes effets qu'à La Preste : j'ai rendu beaucoup de sable, de
« glaires et deux graviers. Vous en avez été vous-même témoin à
« Olette, lors du séjour que j'y ai fait.

« Depuis lors, mes urines ont reparu claires et abondantes; je les
« rends avec la plus grande facilité; et, au moment où je vous écris,
« il me semble que je n'ai jamais souffert de la gravelle, tant je me
« trouve soulagé et bien portant. »

2ᵉ Observation. — Affection calculeuse.

Mme R***, d'Olette, 50 ans, tempérament sanguin, santé bonne jusqu'à ce jour, éprouve dernièrement des douleurs violentes dans la région des reins. Ces douleurs suivent ensuite le trajet des uretères et vont en mourant du côté de la vessie. Après une journée d'angoisses, elle passe une nuit assez calme; mais le lendemain, à son réveil, en regardant son vase de nuit, elle s'aperçoit *qu'elle n'a uriné que du sang*. Effrayée, elle m'envoie chercher pour me faire part de ce qui lui arrive. J'examine les urines que je trouve, en effet, ensanglantées. Au fond du vase je constate un dépôt abondant de mucus et de matière sablonneuse, en tout semblable à de la brique pilée. Je rassure Mme R*** en lui disant qu'elle a eu une attaque néphrétique, et que, contre son indisposition, il y a non loin d'Olette un moyen propre à la soulager promptement. Je lui conseille donc d'aller essayer des eaux des Graus. Le lendemain même elle s'y rend ; je lui fais prendre un bain d'une heure à la source n° 3, et boire deux verres d'eau à la même source.

Les deux premiers jours, ses urines, déjà devenues plus abondantes, laissent encore au fond du vase un dépôt considérable de matière sablonneuse, rougeâtre, qui va en diminuant les jours suivants.

Le quatrième jour, elle rend, sans s'en apercevoir, deux petits graviers légèrement anguleux. A partir de ce jour, ses urines deviennent de plus en plus claires ; leur abondance est toujours la même et proportionnée à la quantité d'eau prise en boisson ; elle a augmenté d'un verre tous les jours jusqu'à huit.

Après le douzième jour, c'est-à-dire après avoir pris, dans cet intervalle, neuf bains et un nombre de verres d'eau qu'il est facile de calculer, elle ne ressent plus aucune douleur, ni dans la vessie, ni dans les reins ; les urines sont claires, naturelles. Enfin, Mme R*** se trouve bien sous tous les rapports.

3ᵉ Observation. — Incontinence d'urine avec strangurie.

Le sieur R*** R***, d'Olette, 84 ans, vieillard robuste et encore très vigoureux, se plaint, depuis long-temps, d'une incontinence d'urine caractérisée par les signes suivants : presque toutes les cinq minutes, il est obligé de quitter son travail pour aller uriner ; mais il ne rend chaque fois que quelques gouttes de liquide avec des efforts inouïs. Pendant la nuit, c'est à peine s'il peut goûter un seul instant de sommeil ; en effet, il est obligé de se lever, plus de cinquante fois, pour uriner.

A la fin septembre de cette année, il me consulte sur son état. Après m'être assuré qu'il n'y a dans la vessie aucun corps étranger, capable d'expliquer cette *strangurie*, si ce n'est un peu d'engorgement de la prostate, je conseille, en bains et en boisson, l'eau de la source n° 3.

Le sieur R*** se rend promptement à mon avis. A peine y a-t-il trois jours qu'il est soumis à l'usage de cette eau, que son état est déjà changé : les envies d'uriner deviennent moins fréquentes, l'urine commence à couler par gros jets et presque sans douleur. Neuf jours après, ce vieillard n'est plus le même ; il n'urine que cinq ou six fois dans la journée ; il n'est obligé de se lever qu'une seule fois dans la nuit ; aussi me remercie-t-il, les larmes aux yeux, de ce que je lui ai indiqué un moyen qui a mis fin à son infirmité d'une manière aussi prompte et aussi peu *dispendieuse*.

AFFECTION DARTREUSE.

1re OBSERVATION. — Dartre papuleuse sur le tronc, *Prurigo formicans*.

M. A***, de Perpignan, 64 ans, robuste et vigoureux, tempérament sanguin, porte sur la partie antérieure du tronc, et en particulier, sur la poitrine des taches nombreuses d'une dartre papuleuse, *prurigo formicans*, taches assez fortement colorées en rouge, ce qui lui fait croire que ce sont des coups de sang. J'ordonne des bains mélangés (source n° 3 avec la source n° 1), et en boisson, l'eau de la Buvette près du pont, en commençant à deux verres par jour, pour aller en augmentant jusqu'à huit verres. Cette dernière, dès les premiers jours, donne lieu à un effet légèrement purgatif, et fortement diurétique.

Après le second bain, les taches semblent s'aviver encore davantage; elles sont presque saignantes, mais elles vont ensuite en pâlissant de plus en plus ; leur surface laisse échapper des plaques nombreuses d'épiderme sous forme d'écailles furfuracées.

Après huit bains, M. A*** est obligé de partir précipitamment, ce qui le met dans l'impossibilité de continuer un traitement qui, sans nul doute, aurait fini par amener une guérison certaine. Je ne veux point dire pour cela que cette guérison eût été définitive, car on sait avec quelle facilité récidive le *prurigo formicans*. J'ose croire cependant que si M. A*** se soumet encore au même traitement, pendant une autre saison, il finira par obtenir cette guérison.

2ᵉ OBSERVATION. — Dartre papuleuse, *Prurigo formicans*.

Ce que je viens de dire pour M. A*** s'applique, presque en tous points, au malade qui fait le sujet de l'observation suivante.

Le sieur B***, 43 ans, fort, robuste, tempérament bilioso-sanguin, porte, sur toute la partie antérieure du tronc, des taches nombreuses de dartre papuleuse, *prurigo formicans*. Leur couleur, peu différente de celle de la peau, tire cependant un peu légèrement sur le jaune. Elles sont le siége d'une démangeaison vive et douloureuse. Bains mitigés (sources n° 3 et n° 1), eau de la Buvette près du pont, en boisson. Au bout de trois bains, on voit se détacher des plaques nombreuses d'épiderme de la surface de chacune des papules; démangeaison violente à la peau. Cette démangeaison va s'effaçant les jours suivants. Au bout de dix bains, le sieur B*** se voit dans la nécessité de partir, et dans l'impossibilité de continuer par cela même, un traitement commencé sous d'aussi heureux auspices. A son départ, j'ai constaté l'amélioration suivante : disparition complète de la démangeaison qui faisait tant souffrir le malade; on remarque encore çà et là une différence de coloration sur la peau, mais elle est à peine sensible, la desquamation a complètement disparu.

3ᵉ OBSERVATION. — Dartre papuleuse sur les jambes, *Lichen agrius*.

Encore un de ces malades qui n'a pu continuer le traitement commencé par l'usage de nos eaux, et qui, cependant, en a retiré quelques bons effets. Le sieur D***, de Perpignan, 48 ans, tempérament fortement sanguin, me consulte en septembre dernier. Il porte sur les deux jambes des groupes nombreux de papules rouges et enflammées, réunies en grand nombre et accompagnées d'un prurit très intense, *Lichen agrius*. Il est, en même temps, atteint d'une affection de la vessie, caractérisée par une gêne se montrant quelquefois lors de l'émission des urines. Cependant, il n'a jamais rendu de sable ni du gravier, il n'a pas éprouvé de douleur dans les reins : les urines sont toujours troubles; pendant leur émission, le jet est souvent interrompu.

Contre cette double affection, je recommande pour bains la source n° 3, mélangée avec la source n° 1, et pour boisson ordinaire, à commencer par deux verres dans les vingt-quatre heures, l'eau du n° 3 seulement. Comme sur tous les autres malades, cette boisson exerce sur le sieur D*** une diurèse extrêmement abondante. Au bout de trois jours, les urines ne sont presque plus troubles; leur émission est facile; le jet en est gros et non interrompu. Cette amélioration est bien plus sensible encore au moment du départ du malade, départ précipité au point qu'il n'a pu prendre que huit bains. L'action exercée sur son affection dartreuse a été aussi remarquable, les papules ont pâli, leurs élevures ont disparu par une desquamation furfuracée abondante. On ne reconnaissait plus leur existence que par la coloration légèrement jaunâtre de la peau sur les points où on les observait tout d'abord.

MALADIES DE POITRINE.

1re OBSERVATION. — Bronchite chronique.

C*** S***, de Canaveilles, 18 ans, tempérament lymphatique, santé assez bonne jusqu'en hiver 1850, époque à laquelle elle contracte une bronchite intense, que sa position (elle était alors domestique dans une maison de Perpignan), ne lui permet pas de soigner convenablement. Cette bronchite, d'abord aiguë, a pris ensuite une marche chronique, et c'est dans cet état que j'ai pu l'observer en octobre dernier. La fille S***, qui jouissait d'abord de beaucoup d'embonpoint, a sensiblement maigri, son teint naguère frais et vermeil est devenu pâle, jaune et presque couleur de cire; expectoration abondante qui fatigue beaucoup la malade, crachats épais et légèrement salés, laissant après eux, dans la bouche, un arrière-goût qui lui a enlevé tout son appétit; sueurs nocturnes très abondantes qui la jettent dans un affaiblissement profond.

Tous ces symptômes, on le voit, n'étaient pas rassurants. Au premier abord, ils m'ont fait craindre une phthisie déjà arrivée à sa dernière période. J'ai cherché à confirmer mon diagnostic à l'aide de l'auscultation qui m'a complètement rassuré, et fait diagnostiquer sur-le-champ, une bronchite chronique qu'il fallait arrêter au plutôt, si je ne voulais lui voir jouer le rôle de la phthisie tuberculeuse véritable. J'ai donc conseillé l'eau de la source n° 4 en boisson (trois verres le premier jour, aller ensuite en augmentant jusqu'à huit), de temps en temps, mais de temps en temps seulement, un bain de demi heure à la source n° 3.

Sous l'influence de ce traitement, j'ai vu s'amender d'abord les symptômes alarmants, ci-dessus mentionnés ; la toux est devenue moins fréquente, l'expectoration moins abondante. L'appétit, nul auparavant, est revenu ; les sueurs nocturnes sont devenues moins copieuses.

Enfin, au bout de trois semaines de traitement non interrompu, temps pendant lequel la malade n'a pris que cinq bains, tout était complètement changé ; puisque tous les symptômes de maladie ont été remplacés par des signes de santé renaissante, santé qui, depuis lors, s'est raffermie de plus en plus. Aujourd'hui la fille S*** est méconnaissable, tant elle a repris de la fraîcheur et de l'embonpoint.

2e Observation. — Bronchite simple.

Le femme P***, de Thuès, 64 ans, tempérament lymphatique, santé toujours bonne, contracte à la fin d'août dernier, une bronchite intense qui parcourt, sans accidents majeurs, les phases accoutumées. Arrivée à la période de coction, je conseille, pour avancer la cure, l'eau de la source n° 4 en boisson. La femme P*** commence par trois verres, et va ensuite en augmentant. Le huitième jour, la toux, l'expectoration, et une suffocation légère qui existait en même temps que la toux, ont complètement disparu. La malade qui avait aussi tout-à-fait perdu l'appétit, l'a promptement recouvré.

MALADIES DU BAS-VENTRE.

1re Observation. — Diarrhée existant depuis quatre mois.

Le 10 août, je me trouvais à l'établissement, pour visiter les malades soumis à l'usage des eaux. J'y rencontre le sieur A*** P***, de Prades, qui me dit être atteint, depuis quatre mois, d'une diarrhée contre laquelle il a essayé toute espèce de remèdes. Je conseille en boisson l'eau de la source n° 7 (source supérieure du bain d'En). Le premier jour, il en boit quatre verres, le second six et le troisième huit. — La diarrhée a été la même pendant les premières vingt-quatre heures; mais le lendemain, elle était déjà moindre, et le quatrième jour, elle avait disparu. L'eau a été prise en boisson pendant quatre jours encore, la diarrhée n'a plus reparu. Le malade est parti content; je l'ai rencontré deux ou trois fois depuis lors, sa guérison s'est maintenue.

2e Observation. — Dyssenterie.

La fille C*** F***, de Thuès, 24 ans, tempérament sanguin, toujours bien portante. Le 13 août, elle se livre au travail immédiatement après avoir dîné; indigestion à la suite de laquelle elle est obligée de rendre tout ce qu'elle a mangé. Le lendemain, diarrhée abondante, suivie, vingt-quatre heures après, d'une dyssenterie caractérisée ainsi qu'il suit : ténesme violent, selles muqueuses, ensanglantées, dégoût profond pour toute espèce d'aliments dont la vue seule provoque des envies de vomir. — A mon avis, il s'agissait là d'une dyssenterie qu'un vomitif aurait fait disparaître dans les vingt-quatre heures. Je conseille donc, dans ce but, l'ipécacuanha; mais, dans mon pays surtout, un médecin n'est pas toujours écouté. La fille F*** préfère temporiser. Je conseille alors, comme moyen à essayer, l'eau de la source n° 7, en boisson. La malade en boit trois verres, le premier jour (15 août); cette eau est très bien supportée, elle passe bien. — Le 16, il y a déjà un peu d'amélioration, moins de ténesme. Le même traitement est continué pendant six jours encore; au bout de ce temps, guériton complète. La malade a aussi recouvré son appétit.

5e Observation. — Engorgement du foie et du pylore.

E*** F***, d'Olette, 48 ans, sec, bilieux, ayant passé une vie orageuse dans toute espèce d'excès, avait cependant joui d'une bonne santé jusqu'en septembre 1850; à cette époque, il éprouve un poids incommode à la région du foie et de l'estomac, poids accompagné de dégoût extrême, et bientôt suivi d'une hématémèse tellement abondante, que, pendant plus d'une semaine, elle fait craindre pour ses jours. A force de soins, on parvient à calmer ces accidents. L'hiver suivant s'écoule assez tranquille pour le malade; mais, au printemps dernier, il voit reparaître le même poids incommode à la région du foie, le même dégoût, ce qui lui fait craindre la secousse de l'année dernière. Son moral est vivement affecté; à plusieurs reprises, je calme l'orage, en faisant faire des applications de sangsues sur la région douloureuse et à l'anus. A la fin du mois d'août, il vient me trouver plus effrayé que jamais; au poids habituel de la région hépatique, s'est ajoutée une douleur vive, venant par éclairs, se faisant sentir surtout vers la région pylorique, siége d'une tumeur dure, extrêmement sensible à la plus légère pression. Plus que jamais, je crains l'existence d'un squirrhe; car aux symptômes locaux venait se joindre, chez E*** F***, l'existence d'une teinte jaune-paille, uniformément répandue sur toute la peau. Je savais, ou du moins je l'avais appris sur les livres, que les eaux minérales sont en général impuissantes et même nuisibles contre les dégénérescences des viscères; néanmoins j'ai voulu les essayer dans ce cas, bien décidé d'ailleurs à en faire interrompre l'usage au moindre symptôme d'aggravation dans le mal. Dans ce but, je conseillai donc, en boisson, l'eau n° 3; comme me paraissant la mieux appropriée au cas actuel. Par une erreur qu'il est facile de s'expliquer (car je ne me trouvais pas moi-même, à tous les instants du jour, aux sources), le malade, au lieu d'aller à la source n° 3, s'arrêta à la Buvette près du pont; et, au lieu d'en boire deux verres comme je le lui avais prescrit, il en but, dès le premier jour, quatre verres, dans l'espoir de guérir plus vite. Cette eau détermina d'abord un malaise momentané, mais il fut suivi, dans la journée, d'une véritable superpurgation.

Le lendemain, à mon insu toujours, il en boit six verres à la même source; ils sont suivis du même effet que la veille. Le troisième jour, il vient me dire qu'il va beaucoup mieux; le poids de la région hépatique, la douleur pylorique ont sensiblement diminué; F*** est content. En lui adressant quelques questions, je viens à apprendre qu'au lieu de boire de l'eau du n° 3, il boit celle de la Buvette près le pont, qui est sulfureuse, tandis que le n° 3 n'a pas ce caractère. Néanmoins, comme je vois qu'elle a amené un si bon effet, je conseille de la continuer; mais en augmentant seulement d'un verre tous les jours.

Le sieur F*** suit ce traitement pendant trois semaines; au bout de ce temps, il n'est plus le même; le poids, la douleur n'existent plus, la couleur jaune-paille n'est plus aussi tranchée, l'appétit est revenu, le malade a repris sa gaîté première. A la pression, on sent encore profondément placée la tumeur pylorique ; mais elle a diminué de beaucoup, et elle est insensible à la pression ; cela veut dire que je ne regarde pas E*** F*** comme complètement guéri ; mais, dans sa position, l'amélioration qu'il a obtenue vaut presque une guérison. Depuis lors, du reste, cette amélioration s'est toujours maintenue.

ENTORSES ET FRACTURES.

1re OBSERVATION. — Entorse violente du genou gauche.

M*** L***, d'Olette, domiciliée à Nyer, 31 ans, fait, le 28 juin dernier, une chute suivie d'une entorse violente sur le genou gauche. L'effort supporté par l'articulation est tel, que M*** ne peut se relever, et qu'on est obligé de la transporter chez elle, sur un brancard. Un gonflement énorme se déclare ; l'officier de santé traitant, fait appliquer des sangsues au gras des jambes, et ordonne quelques autres moyens.

Le 29 juillet, la malade, voyant qu'elle ne peut se servir de sa jambe, se décide, de son propre mouvement, à se faire transporter aux Sources. En la voyant pour la première fois, je constate l'état suivant : gonflement et raideur extrêmes du genou gauche ; le mouvement de flexion et d'extension est très douloureux, difficile, impossible même quand on veut le porter trop loin ; pas de signe de fracture antérieure. Je conseille une douche de trois quarts d'heure.

Le lendemain et jours suivants, la douche est prolongée pendant une heure et répétée deux fois par jour.

Après huit jours de ce traitement, l'engorgement de l'articulation, la raideur disparaissent ; les mouvements d'extension et de flexion deviennent aussi faciles que ceux du côté opposé.

Chez cette femme, il y a aussi un résultat remarquable à constater : en effet, les piqûres des sangsues qu'on fit appliquer, le premier jour, s'étaient converties en autant d'ulcères pareils à ceux qui succèdent à un furoncle. L'eau de la source n° 3 a nettoyé chacun de ces ulcères, activé la formation des bourgeons charnus et provoqué la cicatrisation.

La guérison de la femme L*** est allée se raffermissant de plus en plus depuis lors.

2ᵉ Observation. — Entorse au poignet droit

La femme A*** R***, d'Olette, 48 ans, fait, en décembre 1850, une chute. En voulant se soutenir sur ses mains, elle éprouve, à l'articulation radio-carpienne du côté droit, une entorse violente. Je fais employer, sur le moment et dans la suite, un grand nombre de moyens qui parviennent à faire disparaître l'engorgement; mais la raideur de l'articulation persiste, les moindres mouvements sont accompagnés de la plus vive douleur.

Au mois d'août 1851, elle va, suivant mes conseils, prendre la douche à la source n° 3. Après dix jours de traitement, pendant lesquels elle a pris, sur le poignet malade, une douche d'une heure par jour, elle se retire complètement guérie.

3ᵉ Observation. — Entorse au coude-pied gauche.

F*** H***, 22 ans, tempérament sanguin, constitution vigoureuse. Le 30 juin dernier, il fait une chute sur les pieds, du haut d'un mur de quatre mètres d'élévation environ. Entorse violente du coude-pied gauche avec léger écrasement de la malléole interne; je lui porte mes premiers soins. A la fin d'août, il commence à marcher; mais il appuie difficilement le pied malade. Le coude-pied est encore engorgé, surtout sur le lien correspondant à la malléole interne; c'est aussi là la partie la plus douloureuse. Le malade ne peut se livrer à aucun mouvement ascensionnel, sans ressentir aussitôt des douleurs atroces, qui l'obligent à s'asseoir. Je conseille la douche. Le 1ᵉʳ jour, il la prend pendant trois quarts d'heure; le lendemain, pendant une heure. Il continue de la même manière, pendant quinze jours, époque à laquelle il va tout-à-fait bien. Tous les mouvements sont possibles, et s'exécutent sans douleur; l'engorgement a totalement disparu; il n'y a que la malléole interne qui reste toujours un peu grosse.

4ᵉ Observation. — Entorse au poignet droit avec fracture de l'extrémité inférieure du radius correspondant.

La fille G*** J***, d'Olette, 24 ans, fait une chute suivie d'une entorse au poignet droit, avec fracture de l'extrémité inférieure du radius du même côté. Appareil et moyens appropriés à la circonstance. Après six mois, son état est le même que celui de la malade, qui fait le sujet de la 2ᵉ observation, la femme A*** R***. Je conseille les mêmes douches, qui sont suivies du même résultat.

5ᵉ Observation. — Contusion violente à l'épaule droite.

La femme T*** R***, d'Olette, 44 ans, fait, sur l'épaule droite, une chute qui ne s'accompagne d'aucune espèce de fracture. Il en résulte seulement une contusion violente, accompagnée même d'une paralysie légère du muscle deltoïde. Après l'emploi de moyens préalables, et voyant que son engorgement ne disparaît pas, et surtout que les mouvements d'élévation du bras sont très difficiles, elle se décide, d'elle-même, dans le courant du mois d'octobre, à venir prendre la douche à la source n° 3. Douze douches, d'une heure par jour, font disparaître l'engorgement de l'articulation, et redonnent au membre la souplesse et le mouvement.

6ᵉ Observation. — Fracture du cubitus du côté droit.

T*** B***, d'Oreilla, 72 ans, femme robuste et vigoureuse, reçoit, le 2 août dernier, un coup de pied de cheval, qui lui fracture le cubitus du côté droit, à son tiers supérieur. Application des moyens et d'un bandage appropriés. Le 12 octobre, la consolidation est complète ; mais la malade présente encore, sur le siége de la fracture, un engorgement des parties molles ; elle y éprouve une douleur qui l'empêche de se livrer à aucune espèce d'occupation. Dix douches d'une heure la débarrassent de l'un et de l'autre de ces symptômes.

CONSTITUTIONS LYMPHATIQUES.

1ʳᵉ Observation. — Affection scrofuleuse.

Le jeune A***, de Perpignan, 19 ans, porte sur lui l'empreinte de l'affection scrofuleuse. Il a les jambes courtes, tordues, alors que le tronc présente un développement ordinaire.

Une chute, faite pendant qu'il était encore enfant, devint le signal de tous les maux qui l'ont affligé plus tard. Je ne ferai, du reste, que copier ici textuellement les quelques renseignements qu'il a eu la bonté de me laisser par écrit :

« Je souffrais beaucoup des jambes, dit-il, lorsque je fus aux
« bains des Graus. J'avais des engorgements aux aînes et aux cuisses.
« J'éprouvais généralement une grande faiblesse aux reins, le long
« des jambes, et surtout aux chevilles. — Les médecins m'avaient
« ordonné les bains de mer, des frictions avec le liniment de Rosen,
« puis des compresses de vin aromatique. Ils pensaient que la cause
« de mes souffrances était due à la croissance et à une grande fai-
« blesse ; car j'ai vu s'écouler sept années de ma vie sans presque
« pouvoir marcher.

« Ordinairement, chaque printemps, je faisais une maladie de
« deux mois, qui m'enlevait complètement l'usage de mes jambes.

« Arrivé aux Graus, je pris des bains et des douches ; — je lui faisais prendre des bains mitigés, source n° 1 et 3. — « Après le second
« bain, j'éprouvai une lassitude qui m'empêcha de marcher pen-
« dant presque toute la journée. Je ressentis le même effet après les
« trois autres bains. Mais ensuite, je pris successivement de la force
« dans tous mes membres. Après le sixième bain, les engorgements
« avaient disparu ; la faiblesse ne se faisait plus sentir ; je marchais
« très librement. Après douze bains, je n'étais plus le même ; j'avais
« acquis, dans toute ma personne, une force inaccoutumée. Pendant
« les derniers jours que je suis resté aux Graus, j'ai fait, sans m'en
« apercevoir, des courses de 4 et 5 heures desuite, sans jamais me
« reposer.

« Enfin, un dernier résultat heureux que j'ai obtenu, c'est celui,
« opéré sur mon estomac, par l'eau de la source n° 3, en boisson.
« Auparavant, en effet, j'étais sujet à des crampes d'estomac vio-
« lentes. Je ne les ai plus éprouvées depuis que j'ai bu de cette eau,
« qui m'a donné aussi beaucoup d'appétit. »

2e Observation. — Constitution faible, chétive.

Mlle M***, de Perpignan, 17 ans, grande pour son âge, mais frêle, mince, arrive ici pour faire usage de nos eaux. Il y a deux mois, environ, qu'elle est sortie de la pension, où la vie, toute sédentaire et intellectuelle qu'elle y a menée, n'a pas peu contribué à rendre son organisation plus délicate encore. Chez elle, les fonctions animales se font mal ou presque pas du tout : ainsi, pas d'appétit, elle ne vivait que de sucreries; crampes d'estomac fréquentes et douloureuses; digestion très difficile, constipation opiniâtre, maigreur extrême, décoloration de tous les tissus, faiblesse générale telle que Mlle M*** ne peut pas marcher pendant dix minutes de suite.

Tel est l'état dans lequel nous avons vu la malade pour la première fois. Il faut dire encore que cet état s'était un peu amendé sous l'influence d'un traitement, par les pilules de Vallet, dont elle avait déjà avalé trois ou quatre flacons. Pour obtenir des effets complexes contre tant d'éléments divers à combattre, je conseille, en premier lieu, l'eau de la source n° 7 *bis*, en boisson, tous les jours, en commençant par deux verres, et allant ensuite en augmentant jusqu'à six ; en second lieu, des bains de siége, répétés tous les deux jours, à la source n° 3; une douche reçue directement sur les pieds, pendant vingt minutes, à la même source, et enfin un exercice modéré et progressif.

Après trois semaines de ce traitement, employé sans interruption aucune, Mlle M*** est complètement transformée ; son teint a pris de l'animation, ses chairs sont devenues plus fermes, plus colorées; elle mange beaucoup plus, ses digestions sont faciles, les crampes d'estomac ont disparu, les fonctions du bas-ventre se font d'une manière régulière ; enfin, résultat plus remarquable, cette jeune personne a acquis une force telle, qu'elle fait des promenades de 4 et de 6 kilomètres, sans même s'en apercevoir.

MALADIES DU LARYNX.

1re OBSERVATION. — Laryngite chronique.

M. M***, de Perpignan, tempérament sanguin, constitution vigoureuse, s'était toujours bien porté, lorsque, il y a trois ans, à la suite de discussions qui se prolongeaient, pendant des heures entières, il fut saisi d'une espèce de coup de sang violent à la gorge. Une extinction de voix presque complète en fut la conséquence. A la suite d'un traitement énergique, la voix fut en grande partie recouvrée ; mais, en ce moment, elle est loin d'avoir la pureté qu'elle avait primitivement. Elle présente encore un caractère de raucité très marqué, caractère qui s'exalte surtout lorsque M. M*** a soutenu une conversation pendant quelques instants. Il vient essayer de nos eaux pour tâcher de donner, à son organe vocal, l'étendue et la sonorité premières.

C'est pour arriver à ce but que je conseille, en boisson, l'eau de la source n° 4, l'aspiration des vapeurs à la source n° 1. M. M*** abandonne bientôt ce dernier mode de traitement, parce qu'en quittant cette espèce de *vaporarium* naturel, il est si fortement excité, que tout son corps est recouvert de sueur ; et, qu'en sortant, il est obligé de traverser un milieu, dont la température relative est de beaucoup trop basse. Il se borne donc à boire de la source n° 4, qu'il remplace, plus tard, par l'eau de la buvette, près du pont, dès qu'il lui semble que la première n'est plus assez énergique.

Il continue ce traitement pendant environ trois semaines. Quelques jours avant son départ, il y ajoute, en gargarismes, l'eau de la même buvette, et quelques douches, reçues directement sur le larynx, avec l'eau de la source n° 3.

Au moment où il nous quitte pour rentrer à Perpignan, il a obtenu une grande amélioration : en effet, le timbre de sa voix est devenu sensiblement plus net, plus clair ; mais il n'est pas encore ce qu'il devrait être, c'est-à-dire que la guérison n'est pas entière.

2ᵉ Observation. — Aphonie complète.

Mlle M***, de Perpignan, 35 ans, petite, nerveuse, d'une irritabilité extrême, contracte, il y a trois ans environ, un rhumatisme qui se localise sur toute la longueur du bras droit. Elle s'en débarrasse par les bains d'Arles. Un an après, après s'être exposée au froid et à l'humidité, elle est prise tout-à-coup d'une aphonie complète. Depuis lors, Mlle M*** a fréquenté plusieurs établissements thermaux ; elle est allée aux bains de mer ; elle a usé d'un grand nombre de moyens thérapeutiques, sans jamais pouvoir recouvrer la voix. Toutefois, il faut dire que ces bains avaient tous pour effet de lui rendre cette voix, pendant qu'elle était plongée dans l'eau ; mais elle la perdait aussitôt après. Au mois d'octobre dernier, on lui parle des eaux d'Olette ; elle vient les essayer comme seul et dernier espoir de guérison qui lui reste encore. Voici l'état dans lequel je la trouve au moment où je la vois pour la première fois : aphonie complète, au point de ne pas pouvoir articuler un seul mot ; maigreur extrême, suffocation à la plus légère fatigue, douleurs horribles à la base de la poitrine, s'exaspérant à la plus légère pression; état moral impossible à décrire. J'examine attentivement la poitrine qui résonne assez bien sous la percussion; respiration exagérée, mouvement d'expiration un peu prolongé; rien dans le cœur, si ce n'est des battements tumultueux et un peu plus énergiques que d'habitude, ce que je crois devoir attribuer bien plus à l'état nerveux général de la malade, qu'à toute autre cause.

Pas d'appétit, les fonctions digestives sont nulles. L'état de cette malade, on le voit, demandait de l'attention, et exigeait des soins tout particuliers. Le premier jour, 17 octobre, je conseille des bains d'une heure à la source n° 3; deux verres d'eau, pris à la même source. Après ce premier bain, Mlle M*** recouvre déjà un peu de voix; mais elle est tellement faible, qu'il faut presque appuyer l'oreille contre sa bouche, quand on veut l'entendre.

Le 18, repos; la malade conserve le même timbre de voix que le 17.

Le 19, même bain que le 17, plus trois verres d'eau en boisson. —Pas d'effet différent du premier jour.—Le 20, même traitement, pas de changement. — Le 21, je fais ajouter aux trois verres de la source n° 3 que la malade prend en boisson, un verre de la source n° 4. — Le 22, deux verres du n° 3 et deux du n° 4; pendant ces deux derniers jours, la malade prend le même bain que le 17 et le 19 octobre. — Le 23, je fais ajouter à ce bain, un seau de la source n° 1; la malade boit quatre verres de la source n° 4, et reçoit directement sur le larynx, pendant cinq minutes, une douche à la source n° 3. Ce jour, nous obtenons une amélioration très sensible dans le timbre de la voix qui est devenue plus nette et plus forte; la suffocation, les douleurs de la poitrine ont aussi diminué.—Le 24, deux seaux de la source n° 1 dans le bain, même quantité d'eau en boisson que le 23, même douche prolongée pendant dix minutes; ce jour, en sortant du bain, Mlle M*** est toute radieuse, sa voix est naturelle; elle parle aussi bien qu'avant d'être malade. — Le 25, même bain, même boisson, douche prolongée pendant quinze minutes. Les jours suivants, jusqu'au 30 octobre, elle continue le même traitement; la douche est reçue sur le larynx pendant vingt minutes.

Le 31 octobre, jour du départ de Mlle M*** pour Perpignan, elle n'est plus la même; elle parle à tout moment, elle semble par là vouloir s'assurer si elle conserve encore sa voix qui est tout-à-fait naturelle ; en outre, elle est devenue gaie ; elle a recouvré tout son appétit, et acquis même de l'embonpoint; sa suffocation, ses douleurs de poitrine ont complètement disparu.

C'est assurément un des résultats immédiats les plus beaux, obtenus avec nos eaux; j'ai su que, depuis son arrivée à Perpignan, la malade a perdu beaucoup de sa voix, tout en conservant de l'embonpoint, de l'appétit et un mieux général dans son organisation. L'amélioration dans la santé et le maintien de la voix, quoiqu'à un degré bien moindre que pendant, et peu après l'usage des eaux, me donne la certitude qu'après un second séjour aux Sources, la guérison de Mlle M*** sera très avancée, si elle n'est définitive.

MALADIES GOUTTEUSES.

Jusqu'à présent, je ne possède qu'une observation propre à démontrer l'efficacité de la source n° 3 contre les attaques de goutte ; je vais la transcrire, avec l'espoir bien fondé que des faits de ce genre se renouvelleront, et que chaque malade en retirera les mêmes effets que celui-ci :

J*** P***, de Thuès, 70 ans, fort et vigoureux, est sujet, depuis longues années, à des attaques de goutte qui le clouent au lit pendant des mois entiers, attaques qui se répètent deux ou trois fois dans le courant d'une année.

Le 24 du mois d'août dernier, il paie à sa maladie le tribut accoutumé. J'emploie chez lui, les moyens nécessaires en pareille circonstance. Les douleurs se calment un peu ; vers les premiers jours de septembre, il commence à se lever ; mais il se tient encore avec peine sur ses pieds qui sont engorgés, douloureux. Un engorgement très fort existe surtout aux doigts, au poignet de la main gauche, et au coude correspondant. Je recommande d'aller prendre des bains à la source n° 3 et de boire à la même source. Le malade s'y fait transporter le 10 septembre : après les premiers bains, la douleur des articulations disparaît en entier ; l'engorgement commence à se dissiper aussi. Après dix bains, les articulations du malade ont repris de la souplesse, de la facilité dans les mouvements; il marche comme bon lui semble.

INDURATIONS, VIEILLES CICATRICES.

1re Observation. — Cicatrices à la main gauche.

J*** P***, de Perpignan, 51 ans. Il y a vingt-deux mois environ, que, par suite d'une chute de voiture, il eut la main gauche écrasée; la région palmaire ouverte et divisée en trois lambeaux. Quelques jours après, la gangrène envahit cette plaie et détruisit portion des parties molles. A la chute des escharres, il se forma une cicatrice qui, placée surtout à l'origine du doigt annulaire, exerça sur lui une rétraction violente dans le sens de la flexion ; au point que l'extrémité libre ou unguéale venait presque s'implanter dans la paume de la main. La même rétraction, quoique à un degré moindre, se fit sentir aussi sur les doigts médius et auriculaire. Cet état devenant insupportable, le malade s'est soumis, à deux reprises différentes, à une opération consistant dans la section de la bride tenant les doigts dans cette position forcée. Tout d'abord, chaque opération fut suivie de succès; mais, dès que la plaie résultant de cette opération fut cicatrisée, les mêmes effets de rétraction se sont reproduits. Voici donc dans quel état il s'est présenté à nous, le 28 juillet dernier : à la région palmaire de la main gauche existe une cicatrice, étendue de la base de l'annulaire jusqu'au niveau de la deuxième rangée des os du carpe. Au-dessous de cette cicatrice, dont le tissu est dur, résistant, on sent comme une corde qui fléchit violemment l'annulaire, le médius et le petit doigt, sur la paume de la main. A la base de chaque deuxième phalange existe un engorgement qu'on peut comparer, pour la grosseur et pour la forme, à une noisette ordinaire. Cet engorgement m'a paru occuper à la fois les parties molles et le tissu osseux sous-jacent. J*** P*** veut essayer la douche pour voir si elle ne fera pas disparaître cet engorgement, et si elle ne ramollira pas la cicatrice palmaire, au point de permettre une légère extension des trois derniers doigts sur la main. Depuis le 1er août jusqu'au 6 inclusivement, il prend, matin et soir, à la source n° 3, une douche d'une heure. A cette époque, la cicatrice s'est un peu ramollie ; la corde sous-tégumentaire est moins dure, moins tendue, ce qui permet, par cela même, un léger mouvement d'extension. — Du 6 au 12 août nclusivement, le malade prend, par jour, trois douches d'une heure chacune. A cette époque, l'engorgement placé à l'extrémité des phalanges a sensiblement diminué ; le tissu de la cicatrice s'est presque complètement ramolli, ce qui permet, pour les trois derniers doigts, un mouvement d'extension presqu'aussi complet que celui des doigts de l'autre main. C'est dans cet état d'amélioration, que le sieur P*** est obligé de partir, pour rentrer chez lui.

2e Observation (Remise par M. M***).

A la suite d'une blessure à la main gauche, occasionnée par une pointe en fer, peu acérée, j'éprouvais une inflammation générale de l'aponévrose palmaire, qui se termina par suppuration. Il y eut aussi exfoliation des tendons fléchisseurs de l'annulaire et engorgement total des tendons de la main ; de manière que j'avais perdu les mouvements des doigts. Cet état durait depuis quatre mois, lorsque, me trouvant à Olette pour affaires, j'accompagnai M. Bouis aux Sources ; comme essai, je pris une douche d'une heure, à une chute d'eau provenant de la source n° 3. Immédiatement après, mes doigts eurent de la flexibilité, et la force de préhension. Encouragé par un résultat si prompt et si extraordinaire, je revins un mois plus tard à ces sources, où, pendant huit jours, je reçus une douche d'une heure, matin et soir, sur ma main. Après ce simple traitement, j'ai eu la satisfaction de recouvrer les mouvements de quatre doigts de la main gauche ; quant au cinquième doigt qui avait été traversé, il n'a pu recouvrer de mouvement, attendu que son tendon fléchisseur est tombé en suppuration et qu'il n'existe plus.

MALADIES DES YEUX : MYOPIE.

Le sieur P*** M***, de Fontpédrouse, qui fait le sujet de la première observation (Affections rhumatismales), était bien myope depuis plus d'un an ; c'est à peine s'il pouvait distinguer les objets à deux pas loin de lui. Tout-à-coup pendant qu'il était encore soumis au traitement dont j'ai déjà parlé, c'est-à-dire, à l'usage des bains et des douches, il s'aperçoit qu'il y voit mieux que d'habitude, et qu'il peut parfaitement distinguer les objets à une aussi grande distance que l'individu doué d'une meilleure vue. Cherchant à me rendre compte de ce phénomène remarquable, je le questionne très attentivement, et j'apprends de lui que, chaque fois qu'il prenait la douche, l'eau tombant d'une certaine hauteur sur ses jambes et sur ses pieds, rejaillissait à droite et à gauche et allait frapper sur ses yeux, où dès les premiers jours, elle déterminait une sensation de picotement qui, dans la suite, a fini par disparaître tout-à-fait. Est-ce à l'action tonique exercée par la percussion de l'eau sur le globe oculaire, qu'il faut attribuer ce phénomène vraiment digne d'intérêt, produit dans cette circonstance? Est-ce à la somme d'ingrédients qui entrent dans la composition de l'eau de la source n° 3? Est-ce enfin à ces deux causes à la fois? Pour le moment, je me dispenserai de répondre à ces questions, bien décidé à y revenir plus tard pour tâcher de les élucider; surtout si, comme je le pense, il m'est donné de recueillir d'autres faits présentant de l'analogie avec ce dernier. En voici un autre, chez lequel la même eau a exercé une action curative aussi remarquable, bien que les phénomènes maladifs antérieurs fussent complètement opposés.

2ᵉ Observation. — Presbyopie.

Le sieur J*** P***, qui fait aussi le sujet d'une observation précédente (1ʳᵉ Observation, Vieilles cicatrices), était complètement presbyte depuis plusieurs années. En recevant la douche sur la main, l'eau rejaillissait aussi sur sa figure et sur ses yeux. Quel ne fut pas son étonnement lorsque, deux ou trois jours avant son départ, on lui apporta une lettre qu'il lut couramment, sans recourir à ses lunettes. Aussi, comme le malade précédent, il ne se lassait de crier au miracle. Comme on peut le voir, du reste, cette action de l'eau n° 3 a été reconnue d'une manière tout-à-fait fortuite; et j'avoue franchement que, dans le moment actuel du moins, je n'aurais nullement cherché à l'utiliser dans ce sens. — Comme je l'ai déjà fait observer plus haut, je désire que des faits de ce genre se multiplient, afin qu'ils puissent me fournir l'occasion d'y revenir d'une manière particulière et plus détaillée.

5ᵉ Observation. — Blépharite double.

H*** B***, d'Olette, 48 ans, douée d'un embonpoint remarquable, a toujours joui d'une parfaite santé. Il y a près de deux mois, environ, qu'elle contracta une affection catarrhale qui finit bientôt par se localiser sur les yeux, en particulier sur le bord libre des paupières et vers l'angle interne de chaque œil, sur la caroncule lacrymale.

En tenant compte de l'embonpoint de la femme B*** et des signes non équivoques de blépharite qu'elle présente, j'étais décidé à lui pratiquer une saignée, que j'aurais fait suivre de l'administration de moyens appropriés. Mais avant d'en venir là, la malade a voulu, de son propre mouvement, aller essayer des eaux.

Cet essai, tant soit peu hasardeux, a été cependant, suivi des plus heureux résultats. En effet, après le troisième bain, pris à la source n° 3, s'est manifestée aussitôt une amélioration qui a été en augmentant, les jours suivants, et qui s'est enfin terminée par une guérison complète au bout de huit bains. Une circonstance qu'il ne faut pas oublier, c'est que, pendant tout ce temps, la femme B*** a soumis ses yeux à des lavages répétés avec la même eau, et que, chaque fois qu'elle prenait le bain, elle avait la précaution de faire tomber la douche sur ses mains, de manière à ce que l'eau put rejaillir sur ses yeux. Cette médication topique déterminait, les premières fois, une sensation de picotement extrême; mais, peu à peu, elle finit par s'effacer pour faire place à une sensation de chatouillement qui n'était pas sans quelques charmes, s'il faut en croire la malade. Ce qu'il y a de certain, c'est que peu à peu, la rougeur a disparu; que la caroncule lacrymale, le bord des paupières qui étaient fortement engorgées, ont repris leur couleur et leur forme habituelles; les glandes de méibomius, qui étaient devenues le siège d'une sécrétion abondante, ont repris leur sécrétion accoutumée. En somme, la guérison a été complète, radicale, puisque depuis cette époque elle ne s'est pas démentie.

Tel est le résumé sommaire des principales observations que nous avons pu recueillir, depuis le mois d'août jusqu'au mois d'octobre 1851. Comme on a pu le voir, les faits sont déjà nombreux et surtout variés; chacun d'eux a été rapporté tel qu'il a été observé. Je n'ai pas voulu, pour le moment, l'accompagner de réflexions qui auraient paru, peut-être, à quelques personnes, prématurées ou exagérées. Aussi attendrons-nous avec patience de nouvelles observations avant d'entreprendre une publication qui, nous l'espérons, ne sera pas dépourvue de quelqu'intérêt, et même de quelque utilité sur les effets généraux de nos eaux. Dans le moment actuel, nous avons donc préféré raconter les faits, tels que nous les avons recueillis, et garder, par-devers nous, des explications que l'avenir confirmera sans doute, qu'il infirmera peut-être, mais auxquelles nous ne donnerons de la publicité, qu'après avoir reconnu qu'elles sont vraies, qu'après que l'expérience les aura sanctionnées.

COPIE DU PROCÈS-VERBAL DE JEAUGEAGE,

DÉPOSÉ A LA MAIRIE D'OLETTE.

Nous soussignés, André Gay, maire d'Olette et membre du Conseil général; Pierre Lassale, conducteur des ponts-et-chaussées; François Connes, agent-voyer; Isidore Quès, architecte; Dominique Bouis, professeur de chimie; déclarons avoir procédé au jaugeage des Eaux Thermales sulfureuses, qui naissent dans une propriété limitée, au nord, par la rive droite de la Tet; au sud, par le territoire de la section d'En, commune de Nyer; à l'est, par ce même territoire; à l'ouest, par le ravin dit des *Aigues Calentes,* ou de la Cascade.

Le jaugeage a été pratiqué au moyen du dépotage, et le temps a été calculé avec une montre à secondes.

Les soussignés déclarent que la disposition actuelle des sources n'a pas permis de recevoir les eaux au point où elles s'échappent du sol. Elles ont été conduites à quelques mètres de leur émergence, en coulant sur un sol meuble, perméable, cause manifeste d'une perte considérable qui a diminué d'autant les résultats d'évaluation; ils font également observer qu'ils n'ont pas tenu compte des filets, suintements assez communs et indices de sources peu éloignées.

Comme produits de jaugeage, ils ne donnent donc que les volumes d'eau reçue dans les vases, ayant servi à cette opération. — Enfin, les signataires du présent procès-verbal ont reconnu, qu'en plus des eaux minérales naissant sur le terrain ci-dessus limité, il y arrive, à la hauteur de la source Saint-André, un ruisseau d'eau froide, prise à la rivière, en amont du pont; qu'un ruisseau également abondant provient du ravin de la Cascade, et que ce second canal amène l'eau froide à cent mètres de hauteur, et, par conséquent, au-dessus des plus hautes sources thermales, pour servir, soit à leur réfrigération, soit à l'irrigation.

NUMÉROS D'ORDRE.	NOMS DES SOURCES.	DÉBIT en litres par minute.	DÉBIT PAR 24 HEURES.
1	Source Saint-André.	540	777.600
2	Saint-Jules.		
3	Saint-Louis.	75	108.000
4	de l'Hortet.	7	10.080
5	du bain Gaurenne.	10	14.400
6	de l'Exalada.	50	72.000
7	du bain d'En.	11	15.840
7 bis.	supérieur d'En.		
8	Carrère.		
9	Anglada.	26	37.440
10	Mailly.		
11	du Sentier.	7,5	10.800
12	Saint-Joseph.	19	27.360
13	Saint-Victor.		
14	de la Cascade.	220	316.800
* 14 bis.	du ravin de la Cascade.	150	216.000
15	du Rocher.	8	11.520
16	Saint-Étienne.	8	11.520
17	de *las Aigues Calentes*.	7	10.080
18	du Bosquet.	6	8.640
19	du Chêne.	8	11.520
19 bis.	de la Cîme.	3,5	5.040
22	de la Prairie.	50	72.000
23	de Natation.	25	36.000
		litres. 1231	litres. 1.772.640

Le 12 janvier 1851.

Signés, A. GAY, LASSALE, F. CONNES, QUÈS, BOUIS.

* Comprend diverses sources, très-difficilement abordables, dans le ravin au-dessus de la Cascade. Tout jaugeage y est *impossible* encore ; une évaluation minime leur attribue un débit de 150 litres à la minute.

ACADÉMIE NATIONALE DE MÉDECINE.

Séance du 15 Octobre 1851.

Extrait du Rapport relatif à des observations sur les Eaux sulfureuses d'Olette (département des Pyrénées-Orientales), présentées à l'Académie de Médecine, en novembre 1850.

(Commissaires : MM. PATISSIER, LECANU ET BOUTRON, rapporteur.)

Ces sources peuvent se diviser en trois groupes :
1º Le groupe de Saint-André, comprenant les sources inférieures voisines de la grande source de ce nom ;

2º Le groupe de l'Exalada qui réunit les sources supérieures à l'est ;

3º Enfin, le groupe de la Cascade, formé de l'agglomération des sources de l'ouest, dont la grande source de la Cascade est le type.

Toutes les personnes qui connaissent les sources minérales, savent que leur jaugeage offre parfois de grands obstacles, soit parce que les points d'émergence sont d'un difficile accès, soit parce que les terrains que les eaux traversent, avant d'être recueillies, sont perméables et fendillés. Des difficultés de ce genre se présentaient dans l'opération que M. Bouis a eu à faire pour connaître le volume de chacune des sources ; mais les précautions dont il s'est entouré, et les secours de toute espèce qu'il a trouvés dans l'administration et les agents de la localité, lui ont permis d'indiquer, du moins dans une limite très rapprochée, la quantité d'eau fournie par les sources. Le groupe Saint-André, qui se compose de neuf sources principales, fournit, dans vingt-quatre heures, 1.045.440 litres. Le groupe de l'Exalada, 136.080, et le groupe de la Cascade, 591.120 litres, quantités qui, réunies, donnent un total de 1.772.640 litres d'eau par vingt-quatre heures, ce qui constitue, on peut le dire, une véritable rivière minérale. Si l'on ajoute à cela que deux ruisseaux d'eau froide, l'un emprunté à la rivière en amont du pont, l'autre provenant du ravin de la Cascade, peuvent arriver au niveau de la source de Saint-André et servir, soit à refroidir les eaux trop chaudes, soit à l'irrigation, on se formera aisément une idée de toutes les ressources que peut présenter une pareille abondance.

Par une coïncidence assez remarquable, M. Bouis, qui présente aujourd'hui à la Compagnie le travail important dont nous lui rendons compte, est le même chimiste qui, bien jeune encore, fut adjoint à Anglada sur la demande du Conseil-général du département des Pyrénées-Orientales, pour entreprendre avec lui les excursions hydrologiques qui ont eu pour résultat le traité des eaux minérales que le savant chimiste de Montpellier a publié en 1833. Au nombre des observations qu'ils firent en commun, en septembre 1820, se trouve l'examen de la température de la grande source Saint-André, qui était de 75 degrés centésimaux, et qui, prise de nouveau par M. Bouis, en août 1850, c'est-à-dire après trente années d'intervalle, s'est trouvée exactement la même. La concordance s'est reproduite pour la source de la Cascade qui, de 78 degrés en 1820, était encore pareille en 1850.

Ainsi l'espace de temps, l'atmosphère pure ou nébuleuse, la sécheresse ou les grandes pluies, ne paraissent exercer aucune influence sensible sur la température de ces deux sources; et l'on est disposé à admettre qu'il y a fixité dans la température des eaux thermales puissantes en volume, lorsqu'on fait l'expérience dans des circonstances à peu près semblables, et que par des travaux d'aménagement on ne modifie pas le griffon des sources.

On sait qu'il existe au contraire, par exception il est vrai, certaines eaux thermales abondantes qui, immédiatement après de grandes pluies, baissent rapidement de plusieurs degrés de température, résultat d'une cause tout-à-fait accidentelle, provenant de filtrations supérieures qu'on ne peut pas toujours empêcher; mais, après quelques heures, la température se relève graduellement et la fixité reparaît.

Les deux sources de Saint-André et de la Cascade, l'une à 75 degrés, l'autre à 78 degrés, sont les plus chaudes de la localité; elles en sont également les plus abondantes. La température des autres sources descend jusqu'à 25 degrés; mais on peut élever leur thermalité en les suivant dans le terrain désagrégé qu'elles traversent, et on obtient promptement une augmentation de volume et de chaleur, et aussi la sulfuration pour celles qui coulaient à la surface privées de ce dernier caractère.

En comparant les eaux d'Olette aux eaux les plus chaudes de la France, il faut les placer à côté des eaux salines de Chaudesaigues, sortant à 78 degrés des terrains volcaniques, et à côté de l'eau sulfureuse des Canons, à Ax, dans l'Ariége, dont la température est de 76 degrés. D'où il résulte que l'eau de la grande source de la Cascade d'Olette, est le type d'une eau sulfureuse arrivant à la surface de la terre avec la plus haute température.

Les eaux d'Olette fournissent abondamment de ces matières organisées qui sont en général inhérentes aux eaux sulfureuses, et auxquelles on a donné les noms de barégine, glairine, sulfuraire. Ces produits sont blancs, verts, jaunes ou rougeâtres, pulpeux ou filamenteux, suivant la température des sources ou le mélange des eaux chaudes avec les eaux froides. M. Bouis a entrepris sur ces matières une série d'essais qu'il a répétés à Paris, avec l'aide de son fils, au laboratoire du Conservatoire des arts et métiers, lesquels essais ont eu pour résultat de démontrer dans ces matières une petite proportion d'iode. Il a cru aussi devoir en déduire une conséquence qui ne serait pas sans intérêt, à savoir qu'à mesure que la glairine amorphe s'organise sous l'influence des agents extérieurs pour se transformer en sulfuraire, la proportion d'azote diminue d'une manière sensible. Il se propose, au reste, de tenter de nouvelles recherches pour s'assurer si cette déperdition d'azote va toujours en diminuant graduellement jusqu'aux plantes des classes inférieures dans lesquelles l'azote est en petite proportion, et qui sont presque en totalité formées de cellulose. C'est un sujet d'étude hérissé de quelques difficultés, il est vrai, que de suivre la transformation successive de ces matières, dont l'origine est encore entourée de tant d'incertitude et d'obscurité, mais qui ne serait pas sans honneur pour celui qui le mènerait à bonne fin, et nous ne saurions trop encourager notre savant confrère à l'entreprendre.

Vos commissaires, messieurs, ne suivront pas M. Bouis dans toutes les opérations qu'il a faites pour arriver à donner d'une manière précise la composition de l'eau de la source St-André; il leur suffira de vous dire qu'au courant de la science, M. Bouis a mis en pratique les procédés les plus récents et les méthodes les plus délicates pour l'élimination et le dosage des principes qui minéralisent cette eau.

Vous n'avez pu juger qu'imparfaitement, messieurs, par le rapide exposé que nous venons de vous faire, de l'importance du mémoire que M. Bouis a adressé à l'Académie. Les recherches auxquelles il se livre encore aujourd'hui, et qui viendront s'ajouter à celles qui font l'objet de ce rapport, l'engageront sans doute à publier, sur les eaux d'Olette, un travail complet, qui ne pourra manquer d'offrir un grand intérêt au point de vue de l'hydrologie générale et des eaux sulfureuses thermales en particulier. En attendant que cet espoir se réalise, vos commissaires, messieurs, vous proposent de remercier M. Bouis de sa communication, et de déposer son mémoire dans vos archives. Ils vous proposent, en outre, de placer son nom sur la liste des candidats qui aspirent à l'honneur de devenir correspondants de la Compagnie. — (Adopté.)

FIN.

SOURCES THERMALES ALCALINES, SULFUREUSES ET NON SULFUREUSES, D'OLETTE (Pyrénées-Orientales).

DIVISION par Groupes.	NUMÉROS d'ordre.	NOMS DES SOURCES.	VOLUME en litres par minute.	VOLUME par jour.	TEMPÉRATURE centigrade.	DEGRÉ au sulphydromètre.	RÉACTION avec l'acétate de plomb.	DIFFÉRENCE de niveau avec la rivière de la Tet.	Observations.
GROUPE SAINT-ANDRÉ.	1	Saint-André............	540	777,600	75	150	Brun-noir............	4	Les sources dont le débit n'est pas indiqué, n'ont pas été mesurées lors du jaugeage ; elles fournissent toutes plusieurs litres de liquide à la minute; celle dite de l'Aqueduc est même assez abondante. La source Saint-Jules, et le jet de la source de la Cascade, marquant 78° C., sont les seules qui paraissent invariables dans leur température ; les autres écoulements peuvent éprouver de légères variations de thermalité, pour des causes atmosphériques accidentelles. La proportion de sulfure de sodium, calculée d'après le titre sulphydrométrique, n'est pas portée dans ce tableau, parce que cette indication aurait été fautive, en raison de l'alcalinité sensible des eaux, après la perte du caractère sulfureux. La réaction avec l'acétate de plomb, donnera approximativement la force de sulfuration. Ce tableau éprouvera des modifications sensibles, lorsque les eaux seront définitivement aménagées ; il sera refait alors, en s'entourant des précautions les plus minutieuses d'exactitude : volume, température et composition, seront de nouveau vérifiés.
	2	Saint-Jules............			73	130	Brun-noir............	4	
	3 bis.	De la Grotte............	»	»	56	90	Brun............	8	
	3	Saint-Louis (plusieurs jets)......	75	108,000	48	54	Blanc et Blanc-brunâtre......	15	
	4	De l'Hortet............	7	10,800	35	65	Blanc-brun............	20	
	5	Du bain Gaurenne............	10	14,400	60	90	Brun............	22	
	12	Saint-Joseph............	19	27,360	45	60	Blanc-brunâtre............	30	
	13	Saint-Victor............			45	60	Blanc-brunâtre............	30	
	12 bis.	Bonne............	»	»	38,5	80	Brun............	5	
GROUPE DE L'EXALADA.	22	De la Prairie............	50	72,000	42	50	Brunâtre............	2	
	23	De Natation............	25	36,000	30	42	Blanc............	2	
	6	De l'Exalada (trois jets)......	50	72,000	62 à 56	90	Brun ou Blanc-brunâtre......	50	
	7	Du bain d'En............	11	15,840	61	95	Brun............	58	
	7 bis.	Supérieur d'En............			36	40	Blanc............	60	
	8	Carrère............			64,5	106	Brun............	50	
	9	Anglada............	26	37,440	65	115	Brun............	50	
	10	Mailly............			65	115	Brun............	48	
	11	Du Sentier............	7,5	10,800	64	110	Brun............	45	
GROUPE DE LA CASCADE.	14	De la Cascade (plusieurs jets)......	220	316,800	78	160	Brun-noir............	45	
	14 bis.	Du Ravin A. Saint-Michel............			65	110	Brun............	100	
		de la B. Figuéras............	150	216,000	75	140	Brun............	90	
		Cascade. C. Torrent Réal............			70	125	Brun............	80	
	15	Du Rocher (jets réunis)............	8	11,520	45	»	Brunâtre............	40	
	16	Saint-Étienne............	8	11,520	60	88	Idem............	65	
	17	De las Aigues Calentes............	7	10,080	55	65	Blanc-brun............	70	
	18	Du Bosquet............	6	8,640	45	60	Idem............	70	
	19	Du Chêne............	8	11,520	44	52	Blanc-sale............	75	
	19 bis.	De la Cime............	3,5	5,040	27	35	Blanc............	78	
	20	Buvette des Voyageurs............	»	»	38	76	Brunâtre............	10	
	21	Buvette du Pont............	»	»	»	»	....	5	
	24	De l'Aqueduc............	»	»	»	»	....	6	
	31		1,231	1,772,640					

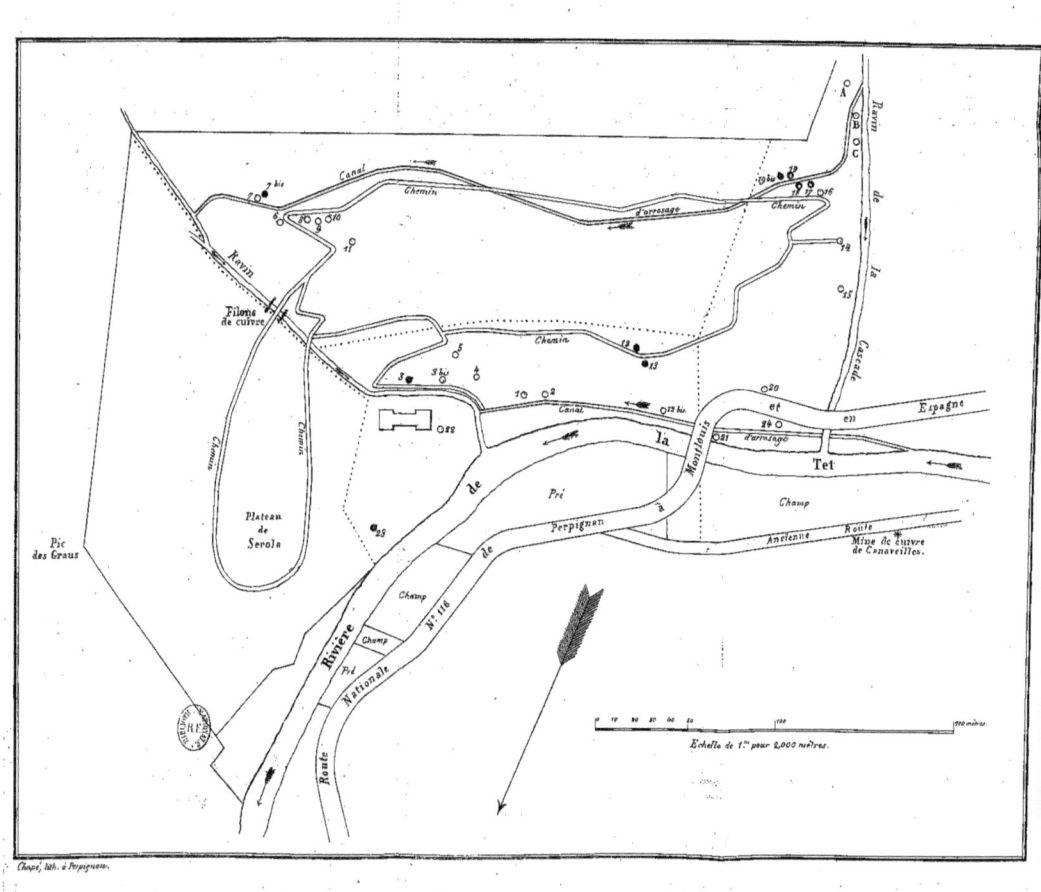

www.ingramcontent.com/pod-product-compliance
Lightning Source LLC
Chambersburg PA
CBHW070319100426
42743CB00011B/2484